Secretos de una terapeuta de parejas

Secretos de una terapeuta de parejas

Todo sobre el amor

Valeria Villa

Diseño de portada: Alejandra Ruiz Esparza Fernández
Fotografía de portada: © Shutterstock
Fotografía de la autora: Mauricio Rodríguez

Ilustraciones de interiores: Marco Colín
www.marcocolin.com

Bajo el sello editorial DIANA M.R.
Avenida Presidente Masarik núm. 111, 2o. piso
Colonia Chapultepec Morales
C.P. 11570, México, D.F.
www.editorialplaneta.com.mx

Primera edición: noviembre de 2012
ISBN: 978-607-07-1454-2

Todas las historias de este libro se han escrito protegiendo la identidad de los protagonistas cuando se trata de casos reales.

Impreso en los talleres de Litográfica Ingramex, S.A. de C.V.
Centeno núm. 162, colonia Granjas Esmeralda, México, D.F.
Impreso y hecho en México – *Printed and made in Mexico*

Para Leonardo, José Emilio y María Inés, que paso a paso compartieron la ilusión de publicar este libro

Para mi familia de origen, padres y hermanas, con quienes aprendí por primera vez a amar

Para mis amigas y amigos, familia de elección

Para los amores pasados, presentes y futuros

Para todos mis pacientes, por la confianza depositada en mí

Gracias, Gloria Calzada, por creer en mí

Gracias, Marco Colín, por tu generosidad

Gracias, Doris Bravo, por apoyarme hasta el final

Gracias a todos los que aportaron ideas, recomendaciones de libros o películas y que se ilusionaron con esta publicación

Contenido

INTRODUCCIÓN

Tolera la incertidumbre. Date la oportunidad de observar cómo crece el germen de una idea.

—WILFRED R. BION

Las historias de muchas parejas han inspirado este libro. Leerlas te puede ayudar a identificarte, a verte en otros actuando de manera similar a ti, porque a veces, cuando queremos vernos a nosotros mismos, nos asustamos y nos volvemos un poco (o un mucho) ciegos. Las historias de otros pueden servirte de espejo.

Te comparto mis reflexiones personales después de algunos años de leer textos especializados sobre la pareja, el amor, los celos, la infidelidad y la sexualidad. Te comparto también lo aprendido después de 10 años de trabajar con parejas en el consultorio. Todo está matizado por mi vivencia personal como parte de una pareja conyugal de muchos años.

Quiero transmitirte lo importante que es no creerte muy seriamente lo que sabes o crees saber sobre el amor y las relaciones de pareja. Nuestro aferramiento a ciertas ideas, a nuestras verdades incuestionables, es un obstáculo para el amor y una de las razones por las que peleamos acaloradamente con la persona que amamos, porque a veces nos enamoramos más de tener la razón y menos de la realidad de quien amamos. Ese es el primer secreto, anótalo.

De la forma más honesta posible, pretendo hacer con este libro aproximaciones cuidadosas a las que yo considero las mejores prácticas para vivir en pareja, proponiendo la integridad y la bondad como ingredientes de una relación amorosa que valga la pena. Estoy convencida de que somos capaces, en lo individual y en con-

vivencia, de amar, de hacernos bien, de ser compasivos, pacientes, tolerantes y generosos. Puede tomar toda una vida desarrollar estas cualidades, que son los mejores rasgos de nuestra humanidad, y necesitan ser trabajadas incansablemente todos los días de nuestra existencia.

Pienso que combatir con perseverancia nuestra tendencia a la indiferencia, al egoísmo, a la crítica despiadada, a depositar en alguien más la culpa universal de los problemas, es un buen camino hacia el amor. También estoy convencida de que es necesario rescatar el valor de la cotidianidad de la pareja: *lo entrañable de la costumbre*, dice Rosa Montero, en *La hija del caníbal* (1998); lo entrañable de saber al otro, en sus pequeñas manías, en sus grandes dolores, en sus sueños y aspiraciones. Y sabernos también a nosotros mismos, conocernos, aceptarnos, trabajarnos y transformarnos para amar mejor.

¡Empezamos!

Valeria Villa Guillén
México, D.F., septiembre de 2012

1 • Las parejas de hoy

Marco y Alma, luchando con el pasado

Ambos vienen de hogares tradicionales, de esos donde el padre es el proveedor, la madre ama de casa y varios hermanos en escena.

Son profesionistas exitosos: él se dedica a la medicina interna y ella es diseñadora industrial. Él tiene 34 y ella 32, y les gusta mucho hacer deporte desde que eran muy chavos. También comparten su afición por el cine y la comida rica y diferente. Han hecho muchos viajes juntos, que han disfrutado enormemente, y aún no han decidido cuándo será el mejor momento para tener hijos. Platican padre de muchos temas que les interesan a los dos, y llevan una vida sexual bastante placentera y armónica.

Alma ocupa un puesto directivo en una agencia de publicidad bastante reconocida, y tiene mejor sueldo que Marco. Este es el punto álgido de la relación, porque Marco se siente *menos* que su pareja, y ella no entiende del todo por qué él se siente así. Siempre ha tratado de ser muy solidaria, aunque en ocasiones, sobre todo después de ir a comer con su madre que, aquí entre nos, ha llamado *mediocre* a Marco varias veces, vuelve a casa entre enojada y decepcionada de su marido, a quien la familia de Alma desaprueba. No debería importarle lo que piensen, se dice todo el tiempo a sí misma, pero la opinión de su madre siempre ha sido determinante en su vida.

Marco, por su parte, siente que Alma no es una buena ama de casa, tal y como lo era su madre. Varias veces le ha pedido que sea más atenta con él, que le cocine algo rico, que no se duerma sino hasta que él llegue, que lo espere arreglada porque lleva semanas viéndola en pijama cuando regresa por la noche, cansado del trabajo. Quiere que lo cuide, y Alma lo complace a veces, pero otras no, porque la verdad es que le da rabia que él no pague todos los gastos de la casa, como vio a su padre hacerlo en su familia nuclear. Inconscientemente, Alma quiere a un padre fuerte y protector en lo económico, solvente, encargado de pagar todas las cuentas. Ese es su modelo interno de hombre. Y Marco quiere, también inconscientemente, una mujer tranquila, hogareña, que haga a ratos las veces de madre protectora, consentidora, que lo apapache, como vivió con su propia mamá.

Cuando están cansados, pelean más. Se reclaman lo que el otro no está dando. A veces, Alma anhela que Marco le haga de cenar y le dé un masaje, pero no se lo pide amablemente, sino reclamándole enojada.

Marco se convierte en una fiera cuando está hambriento o mal dormido, o cuando ha tenido una mala semana laboral. Es entonces cuando, mermado emocionalmente, le reclama a Alma por no ser una mujer de verdad, como *las de antes*, como su madre y su abuela que siempre tenían lista la comida, la ropa, la casa, que lo cuidaban y le hacían caldo de pollo si se enfermaba. Ambos se ofenden y se dejan de hablar varios días al tener este tipo de enfrentamientos. Los dos se sienten una decepción para el otro. Él por no tener un mejor sueldo y ella por no ser el ama de casa modelo.

Aunque pertenecen a una generación distinta y también son distintos en su manera de pensar, por lo menos han hablado y están de acuerdo sobre su anhelo de formar una pareja colaborativa, equitativa, en la que las responsabilidades puedan compartirse y no haya roles rígidos sobre qué le toca a cada quien. En la práctica esto es muy diferente, y se nota en su forma de relacionarse, en las constantes referencias a cómo se hacían las cosas en sus familias de origen, en las que había una división tajante de roles y la ayuda mutua no se daba, pues cada quien se dedicaba a lo suyo: el padre a traer dinero, la madre a cuidar hijos y casa.

Algunas veces, ese modelo familiar es la causa de los desencuentros y de las expectativas frustradas que les hace decir frases como sacadas de un guión inconsciente, en el que Marco demanda cuidados y atenciones como hombre de la casa que es, y Alma se queja amargamente de tener que aportar más dinero y además encargarse de la casa. Aparentemente, son muy diferentes de sus padres, gracias a que el entorno económico, social y cultural ha cambiado, y a que las oportunidades educativas y profesionales con que ellos contaron son infinitamente mejores que las que tuvieron sus padres.

Se han tomado con mucha calma la decisión de tener un hijo porque ambos vienen de familias numerosas y han conversado sobre el hartazgo que a veces les producía no ser tomados en cuenta; a ratos ser invisibles para sus padres, que estaban exhaustos y muy ocupados en mantener y atender a tantos. La verdad es que tienen miedo, y consideran la posibilidad de tener un solo hijo para saber qué se siente; pero, por lo pronto, postergan la decisión lo más posible, porque sus profesiones les importan mucho y siempre están muy ocupados, tienen horarios demandantes y poco tiempo para verse y convivir. No encuentran la ecuación que les daría el tiempo suficiente para seguir creciendo profesionalmente, tener momentos para disfrutarse como pareja y además cuidar y criar a un bebé. En los cinco años que llevan casados, se han enfrentado ya con el fantasma del agotamiento, de la falta de ganas de estar juntos, del poco tiempo para relajarse y hacer cosas divertidas, y ven en la paternidad y la maternidad un cambio que les exigiría mucha mayor generosidad, así como reconfigurar la organización que hoy tienen como pareja.

Quien más insiste en que Alma se embarace es Marco porque, aunque no se ha dado cuenta por completo de la situación, cree que una vez que sean padres ella no podrá trabajar tanto y él tomará entonces el mando de la familia.

Esta es la pareja promedio de nuestro tiempo: profesionistas, trabajadores, con aspiraciones de crecimiento económico y laboral, con miedo a la paternidad y a la maternidad, agotados, llenos de contradicciones entre su tradición familiar y su realidad actual. Muchas personas buscan nuevas formas de relacionarse, de hacer pareja, de formar familia, que no sea una copia fiel del modelo familiar del que provienen, porque saben que no todo lo aprendido les servirá para construir el bienestar. Muchas quieren inventarse una forma de ser pareja original, inédita, y este es su reto más importante: vivir en el presente, ahuyentando los fantasmas de las historias pasadas.

Y a todo esto… ¿qué es el amor?

Quiero dejar escrita una confesión, que a un tiempo
será íntima general, ya que las cosas que le ocurren
a un hombre le ocurren a todos.
—JORGE LUIS BORGES

Definir al amor produce mucha confusión y nos encantaría que existiera un solo concepto que nos diera claridad, pero no lo hay.

El amor es escurridizo, nos asalta, lo sentimos, nos alegra, nos duele, nos sorprende y, a veces, nos rompe. Nos cuesta mucho trabajo entender nuestra forma particular de amar, cómo nos gusta que nos amen, cuáles son nuestros obstáculos para amar mejor, cuáles nuestros patrones disfuncionales a la hora de amar, qué cualidades despiertan amor en nosotros y qué defectos nos apagan la llama del amor.

Nuestra forma específica de entenderlo, pero sobre todo, de vivirlo, es un camino poderoso para el autoconocimiento, que muchas veces desconocemos. Tal vez nos ha faltado preguntarnos qué nos enamora, qué admiramos en una mujer, por qué tiene que ser alto o moreno, por qué las pelirrojas, los doctores o los abogados, por qué no podrías amar a alguien que bebe en exceso, por qué te desilusiona que alguien no lea, no baile, o hable demasiado o casi no hable, en fin…

Hay muchísimas preguntas que podemos hacernos sobre el tema del amor. Por ejemplo, sobre qué juego nos gusta jugar cuando amamos: jugamos a dominar o a ser sometidos, nos gusta ser niñas desprotegidas o mujeres independientes, hombres dependiente o solitarios empedernidos, sensibles o fríos, cariñosos o distantes, o quizá lo que más nos importa es el atractivo físico, o la inteligencia, o la clase social.

Cada quien tiene un mapa amoroso que, al conocerlo, sirve para guiarnos por nuestro mundo interno y en las relaciones de pareja.

Al amor se le ha asociado con un sinfín de conceptos porque a los humanos nos gusta ponerle nombre a las cosas. Nombrar algo nos da certeza, tranquilidad y cierta claridad. Se buscan explicaciones sobre las razones del amor y del desamor, porque la razón a veces calma las emociones de incertidumbre y ansiedad.

El amor es quizás una de las experiencias humanas más difíciles de definir con palabras, y se asocia con muchos términos: pasión, felicidad, unión, fusión, complicidad, entrega, locura, dolor, sexo, fantasía, ilusión, enajenación, locura temporal, estupidez, solidaridad, reciprocidad, egoísmo, autoengaño, traición, hambre, saciedad, quimera, lo inalcanzable, lo imposible, lo deseable, lo indispensable para ser feliz.

Roland Barthes dice en *Fragmentos de un discurso amoroso* (1982) que los discursos sobre el amor muestran hoy una terrible soledad. El discurso social, reforzado por la venta de estilos de vida individualistas, la organización de las ciudades para albergar a familias pequeñas o a personas solas, han contribuido al descrédito del amor, entendido como una vocación humana universal, a la conexión íntima y significativa con los otros.

La tendencia a vivir en soledad, el divorcio como opción impulsiva a los desencuentros de las parejas, el cinismo como la pérdida de fe en todos los ideales, la tecnología que buscando conectarnos nos ha alejado del encuentro humano cara a cara, sustituyéndolo por el encuentro virtual, han influenciado nuestras ideas y creencias sobre las relaciones amorosas.

El narcisismo como ideal de nuestro tiempo, que privilegia la popularidad y el exhibicionismo por encima de la intimidad y el fortalecimiento del carácter, sumado a otras circunstancias, han producido un discurso sobre el amor en el que cada vez creemos menos. Y con todo, como especie, seguimos anhelando amar, ser amados, formar una pareja y quizás una familia.

Barthes ha organizado en algunos de sus textos una serie de palabras asociadas al amor con intención de aclarar que la definición del amor no existe, y que solo puede describirse a partir de experiencias particulares de las personas que lo sienten y lo viven.

También es cierto, como dice el escritor colombiano Álvaro Mutis, que los seres humanos nos parecemos mucho más de lo que nos gusta reconocer, y que las historias de amor son en lo esencial muy similares entre sí.

Solo puede describirse la experiencia personal que cada uno tiene del amor. Esta forma de entenderlo desde la vivencia individual nos ayuda a evitar las generalizaciones y a tratar de elaborar una definición sobre lo que el amor significa para nosotros. Sin esta comprensión personal el amor se vacía de sentido, como en parejas que se llevan muy mal desde hace tiempo y se faltan al respeto, se torturan mutuamente pero sin reflexión alguna responden, ante pregunta expresa, que *siguen juntos porque se aman*.

Qué difícil es comunicarles a otros nuestra experiencia subjetiva del amor; a la mayoría se nos acaban las palabras cuando de amor se trata, enmudecemos y somos torpes para definir algo que básicamente se siente. Quizá la comprensión del amor signifique ser capaces de encontrar los ingredientes personales que nos hacen sentir amados: la experiencia específica de nuestro cuerpo, de nuestros sentidos, de la mente, de lo afectivo, que nos hacen sentir amor.

El amor es un verbo, congruencia entre lo que decimos sentir y las acciones que realizamos en consecuencia. No es posible amar y destruir, amar y lastimar, por lo menos no intencionalmente.

Las ideas que tenemos sobre el amor las hemos aprendido en diferentes contextos:

- *De nuestra educación familiar:* el tipo de relación de nuestros padres, la vivencia del amor con cada uno de ellos, la posibilidad o no de expresar el afecto, la cercanía o la distancia con la familia, el haberse sentido querido o rechazado, o medio querido o medio rechazado. Obviamente, si venimos de una pareja violenta o en conflicto, tendremos una idea muy distinta del amor que si provenimos de una pareja armónica. Si en nuestra familia cada quien andaba por su lado, y los abrazos y la ayuda mutua no eran lo *normal*, nuestra tendencia será a la frialdad amorosa. Nos costará más trabajo abrazar y ser abrazados, y quizá tendremos dificultades para la intimidad y la cercanía.

- *De nuestro entorno sociocultural:* las ideas dominantes en nuestra cultura, específicamente en nuestra clase social y lugar de residencia. En Hermosillo puedes ser una *solterona* si no te has casado a los 25, pero en las grandes ciudades las mujeres posponen más tiempo la decisión de casarse. Las clases populares se casan o viven juntos en mayor proporción que aquellos que tienen la oportunidad de educarse más allá del nivel medio superior.

- *De nuestro momento histórico:* la idea del amor ha evolucionado a lo largo del tiempo; evidentemente no es lo mismo el amor medieval que el amor de la posguerra o el amor en la actualidad. El amor es hoy multiplicidad de opciones, diversidad y alternativas para vivirlo.

¿Cuál es tu receta de amor?

- Sexo + dinero + risa
- Estabilidad + fidelidad
- Diversión + novedad
- Conversación inteligente + sexo de buena calidad
- Sexo
- Dinero
- Protección + seguridad + paz
- Paz/oasis
- Aventura + cambio + innovación
- *Para siempre*
- *Mientras dure*

Enamoramiento y amor

Todos sabemos que enamoramiento y amor son distintos. Las neurociencias han estudiado los estados corporales alterados, desatados por la pasión amorosa. Los científicos del amor dicen que nadie puede vivir así durante mucho tiempo, y que ese estado de *intoxicación* está destinado a extinguirse.

Los neurotransmisores que producimos cuando estamos enamorados se agotan después de un tiempo (que varía de seis meses a tres años, según las investigaciones). Aunque conozcamos bien esta información, quizá no nos hemos preguntado qué significa en la vida diaria estar enterados de ello. Tal vez impacte en nuestra idea, también muy actual, de que no existe el amor para siempre; quizá nos haga pensar que hay que terminar la relación cuando ya no se sientan mariposas en la panza. Quizá.

A partir de las investigaciones de las neurociencias, afirmamos que hay un momento miserable en que amanecemos desenamorados, y es entonces cuando comienza el amor. Esto, ténganlo claro, es solo un cliché, una idea repetida y desgastada que no necesariamente ocurre así con todas las personas. En estos años como terapeuta de parejas he visto de todo:

- Gente que se conserva enamorada del verbo *enamoramiento* durante muchos años.

- Parejas de amigos que después se relacionan amorosamente, en las que el proceso fue al revés: primero amigos, luego novios.

- Personas que se vinculan sexualmente, y terminan enamorándose o no.

- Parejas que hace siglos no sienten mariposas, pero se llevan fantásticamente bien en otros terrenos; que son buenos administradores, padres, amigos y con eso tienen para seguir juntos.

- Adictos al amor, que brincan de relación en relación cuando se acaban los neurotransmisores antes mencionados.

SECRETOS

Aclara qué se siente amoroso para ti.
¿Cuál es tu receta personal de amor?

•

Reflexiona acerca de tu historia familiar y qué aprendiste sobre el amor desde que eras niña o niño.

•

Haz una lista de expectativas y necesidades que relacionas con el amor.

•

Si estás actualmente en una relación amorosa, intenta explicarte las razones por las que estás ahí. (No se vale contestar *porque la/lo amo*).

El amor y los cambios socioculturales

El individualismo excesivo es un producto de nuestro tiempo. La exaltación de la autorrealización, de la importancia de la autoestima, y la prioridad que se da a estar bien uno mismo, se han convertido en obsesiones para algunos y en bandera favorita de muchas corrientes en psicología.

La verdad, está muy bien eso de quererse, de aceptarse, de saberse cuidar primero uno mismo antes de pensar en cuidar o querer a alguien más, pero llevado al extremo es un estandarte para justificar el egoísmo, la falta de consideración y de delicadeza hacia los otros.

La idea de la familia como célula básica de la sociedad y el concepto del matrimonio heterosexual como única forma social y legítima del vínculo amoroso han cambiado radicalmente en buena parte del mundo.

La exaltación de la juventud, de la belleza, de la delgadez, del éxito en todos los campos de la vida, ponen presión extra a la vida en pareja, ya de por sí complicada. Lo queremos todo y lo queremos ahora, igualito que los niños. Queremos parejas fantásticas, estimulantes, que cumplan todas nuestras necesidades y con las que nunca nos aburramos. Obviamente, es imposible cumplir tales expectativas.

Somos niños devoradores de experiencias, que nos vamos creyendo el cuento, casi sin darnos cuenta, de que debemos tenerlo todo con la pareja. De que nos merecemos todo, de que si no somos *felices* y nos aburrimos de vez en cuando, debemos pensar seriamente en terminar nuestra relación.

Esto no solo tiene que ver con los cambios socioculturales, también existen algunos perfiles de personalidad que tienden mucho más a la inestabilidad y al desamor que otros. Más adelante, explicaré los trastornos narcisistas y fronterizos, que se caracterizan principalmente por la incapacidad para tener relaciones amorosas estables y de buena calidad; los narcisistas, porque idealizan en unos segundos y con la misma rapidez devalúan el objeto de su amor; los fronterizos, porque aman con excesiva intensidad, sin límites, sin autocuidado, hasta *casi* enloquecer.

El amor viene en diferentes presentaciones

Parejas heterosexuales tradicionales

Se casan por el civil y por la iglesia. Comparten la idea de formar una familia, consolidar la relación en un acuerdo *implícito* de fidelidad y monogamia; quieren tener dos hijos por lo menos, creen que se casan para siempre o suponen que esa es la expectativa consciente; aspiran al modelo dominante de pareja que comparte todo, que no tiene secretos para el otro, que privilegia su vida conyugal a la relación con amigos, que convive de manera frecuente con las familias de origen; que aspira a tener casa, camioneta, hijos, perros y estabilidad económica. Valoran lo familiar por encima del vínculo erótico-amoroso. La estabilidad es el eje principal de este modelo de relación.

Parejas heterosexuales no tradicionales
No se casan y viven en unión libre. Quieren compartir la vida, pueden o no tener un pacto de monogamia y fidelidad, quieren tener hijos pero también desean desarrollarse profesionalmente, ambos trabajan y comparten gastos. Su idea sobre la duración del amor es menos estricta, y el pacto básico es que estarán juntos mientras haya amor. El amor es la única razón para seguir juntos, y no les importa tanto la aprobación social, ni tampoco se apegan a las aspiraciones del modelo de pareja de la cultura dominante.

No casarse se convierte cada vez más en una forma distinta de compromiso y menos en una transgresión. Algunas parejas no se casan por razones exclusivamente prácticas, porque prefieren gastar el dineral que cuesta una boda en muebles para su casa o en un gran viaje para compartir.

Viviendo juntos pero separados (LTAS: Living Together Apart)
Viven juntos, pero desde hace muchísimo tiempo dejaron de ser pareja en el plano erótico-amoroso; permanecen juntos por la institución y por guardar las apariencias sociales.

Generalmente están casados y tienen hijos, pero se dejaron de querer hace mucho tiempo, o vivieron desencuentros sexuales que nunca resolvieron, pero no tuvieron el valor, el dinero o la capacidad para decidir separarse. Muchas veces, la simple idea de tener que vender la casa donde habitan y dividir el dinero tras el divorcio son razones suficientes para que sigan juntos. Increíble pero cierto.

Juntos pero viviendo separados (LATS: Living Apart Together)
Estas parejas son cada vez más frecuentes. Las combinaciones de

las que surgen son variadas: divorciados con hijos, que se hacen pareja pero nunca viven juntos; un padre divorciado unido a una soltera sin hijos, que deciden no vivir juntos pero sí tener una relación; divorciados sin hijos, que no quieren cohabitar con nadie más; solteros que no quieren vivir con alguien ni tampoco tener hijos, pero tienen una pareja de fin de semana para ir al cine, salir de vacaciones, con una cercanía intermitente que les permita sentir que no pierden su espacio individual, ni físico ni emocional.

Cada quien su despensa, su tintorería, sus hijos, sus plomeros, sus broncas domésticas cotidianas, limitando con esta forma de relación lo que se comparte y lo que no.

A muchos les funciona y es una organización que puede surgir de tener un buen autoconocimiento, que permite a la pareja reconocer y aceptar que es incapaz de vivir con alguien sin terminar echando a perder la relación o cansándose de la costumbre.

También puede surgir del temor a estar muy cerca de alguien y luego ser abandonado, por lo que tener su propio espacio permite conservar un lugar a dónde *huir* cuando hay problemas, o cuando no se está de humor para ver y convivir con la pareja.

Doble ingreso sin hijos (DINKS: Double Income No Kids)

Parejas de profesionistas que no quieren tener hijos. Tienen doble ingreso, por lo que su nivel de vida tiende a ser alto y privilegian la relación de pareja, la comodidad financiera y la libertad sin restricciones que les da el no tener a nadie que mantener, para trabajar, viajar y gastar en lo que deseen.

A veces uno de los miembros de la pareja cambia y decide que sí quiere tener hijos, por lo que pueden pasar varias cosas: que venga un hijo y al romperse el modelo original de pareja termine la relación; o que sean capaces de evolucionar e integrar en su esquema afectivo, de organización y financiero, a un tercero, aceptando que ya no volverán a ser solo ellos dos.

Parejas homosexuales

Las parejas homosexuales son cada vez más frecuentes. En nuestro país, solo la Ciudad de México permite el matrimonio homosexual desde 2009. Estas parejas enfrentan los mismos retos de las parejas heterosexuales, y retos específicos de la pareja homosexual.

Deben aprender a convivir, a comunicarse, a organizar la cotidianidad si deciden vivir juntas o juntos; aprender a pelear limpio frente a los desacuerdos, definir si la relación será monógama o no, manejar las finanzas de forma saludable, elegir periodos de calidad (paseos, vacaciones, esparcimiento) para cuidar la relación, etcétera.

Y los retos específicos son sobre todo sociales, por la restringida aceptación de esta forma de relación. En teoría, hoy somos como sociedad mucho más liberales e incluyentes, pero hay un largo camino por andar todavía en el tema del respeto a los derechos de la pareja homosexual.

Por otro lado, el asunto de no tener hijos, de no aspirar necesariamente a formar una familia, sino a centrar la intención de cercanía en el vínculo amoroso, puede generar una fusión en estas parejas que les resulte difícil de manejar. Si la pareja no tendrá hijos, toda la presión del amor, el sentido de vida y los objetivos en común se centrarán en lo individual y en lo amoroso.

La presencia de los hijos trae una mayor apertura, la necesidad de dejar de pensar en uno mismo o en la pareja para centrarse en el cuidado de alguien más. Sin embargo, los hijos no solucionan ningún problema; por el contrario, hacen más compleja la vida de la pareja, pero también son puertas para pensar en otras cosas, repartir energías, diversificar los proyectos de vida y las prioridades.

Algunas parejas se cansan de ser ellos dos todo el tiempo. Pueden adoptar gatos o perros y transferir a sus mascotas el deseo de maternidad o paternidad.

El tema de legalizar el matrimonio homosexual y su derecho a adoptar hijas e hijos, además de estar relacionado con la igualdad de derechos frente a la ley, también tiene que ver con el deseo de compartirles a otros, a quienes apenas empiezan su vida, lo que se tiene para dar. Es una forma de trascendencia que para muchos sigue siendo un elemento importante de la vida en pareja.

Solteros por elección

La soltería se ha convertido en una elección libre y no producto de la resignación, o de la falta de oportunidades para construir una vida en pareja.

En su libro *Going Solo*, 2012 (Estar solo), Erik Klinenberg da cuenta de una larga investigación realizada en Estados Unidos durante siete años en siete ciudades distintas, en la que entrevistó a 300 sujetos que vivían solos, quienes dijeron, entre otras cosas, que las ventajas de vivir solo son el espacio sin compartir y la soledad necesaria para recobrar energías, aunque también reconocieron que es un terreno propicio para las excentricidades, pues no se requiere la aprobación de nadie, no hay vigilancia ni consensos y las decisiones se toman en solitario.

Las desventajas son mucho más evidentes para la gente mayor que vive sola y no tiene una red de apoyo en caso de enfermedad. Klinenberg habla de *una sociedad secreta que vive y muere sola.*

Las causas por las cuales muchos eligen vivir solos en la actualidad son algunas de las siguientes: crecimiento de los valores liberales, como la liberación de la mujer, la creciente urbanización que se orienta a la vida en solitario con espacios de vivienda reducidos, servicios a domicilio, cafés por todas partes, tecnología que *espanta* la soledad, dando una sensación ilusoria de acompañamiento (redes sociales, teléfonos inteligentes, el ciberespacio) y el aumento en la esperanza de vida, que ha incrementado el porcentaje de viudos y viudas que se quedan solos en los últimos años de su existencia.

En su investigación, Klinenberg reporta sentimientos encontrados en las personas estudiadas: por un lado, orgullosos y hasta arrogantes de su libertad; por el otro, inseguros, hambrientos de contacto, ansiosos, inquietos y ocasionalmente asustados.

Mientras mayores sean las ambiciones económicas, menores serán los deseos de vivir en pareja y mayor el tiempo que se tomará para decidir vivir o casarse con alguien.

La cultura tiene algo de enloquecedora en el tema de los solteros. Por una parte, sigue vendiendo el ideal de la pareja como algo deseable e intensamente asociado a la felicidad, y por otra, recompensa económica y laboralmente a los solteros.

Especialmente en las grandes ciudades, como México, cada vez encontramos a más solteros y solteras por convicción, que postergan la decisión de vivir en pareja o casarse. Hombres y mujeres en sus treinta están enfocados en sus proyectos profesionales o académicos, disfrutan de ser independientes económicamente, muchos siguen con sus padres por comodidad y ahorro, y no se ven a sí mismos emparejados y viviendo con alguien.

Esta decisión puede provenir de diversos motivos. Puede ser una convicción asertiva de quien tiene claro que no quiere compartir el espacio con nadie. Muchas veces se trata de gente que ha estado acostumbrada a resolverse la vida en soledad desde muy pequeña, por tener padres y madres con trabajos de tiempo completo, por abandono u orfandad.

Quizás el punto más trascendente es que poco a poco van cayendo los prejuicios en torno a los solteros y las solteras, y se va aceptando paulatinamente que es una elección de vida tan válida como cualquier otra.

Carrie Bradshaw (Sarah Jessica Parker), en un capítulo de la fantástica serie de HBO *Sex and the City*, manda hacer tarjetas para celebrar su soltería y pone una mesa de regalos. Esto se le ocurre para decirle a la gente de su medio que son tan importantes la vida y los proyectos de un soltero como los de un padre de familia.

Carece de argumentos la definición rígida y moralista de que un padre que está formando hijos esté mucho más arriba en la cadena de mérito moral. Un padre o una madre pueden ser profundamente irresponsables para enfrentar la crianza de sus hijos, y una pareja puede ser hostil, agresiva y vivir destruyéndose cotidianamente.

No hay ninguna superioridad moral de la pareja, con o sin hijos, frente a la vida de un soltero que ha decidido serlo y que merece todo nuestro respeto.

SECRETOS

Pregúntate en qué modalidad de pareja vives y por qué has elegido una u otra.

•

Pregúntate cómo te sientes en relación con el amor y piensa si tu forma de vivir la elegiste libremente o fue más producto de las circunstancias.

INFORMACIÓN INTERESANTE

- En su libro *Alone Together*, 2007 (Juntos pero solos), Paul Amato afirma que las parejas en el año 2000 tenían menos probabilidades de comer juntas, compartir actividades recreativas o trabajar en proyectos de la casa que las parejas de los años ochenta. Las parejas en el 2000 comparadas con las de los ochenta también tenían menos amigos en común.

- Según datos del INEGI, existen cerca de 200 000 hogares unipersonales de hombres y mujeres, cuyas edades fluctúan entre 19 y 40 años.

- El matrimonio homosexual es legal en todo el territorio de los siguientes países:

- Países Bajos (desde 2001)
- Bélgica (desde 2003)
- España (desde 2005)
- Canadá (desde 2005)
- Sudáfrica (desde 2006)
- Noruega (desde 2009)
- Suecia (desde 2009)
- Portugal (desde 2010)
- Islandia (desde 2010)
- Argentina (desde 2010)

▸ En España, además de la legalización de los matrimonios entre personas del mismo sexo en toda la nación, existen leyes de parejas en Andalucía, Navarra, el País Vasco, Aragón, Cataluña, Cantabria, Extremadura y la Comunidad Valenciana.

▸ Además, el matrimonio homosexual es legal en seis jurisdicciones de Estados Unidos:

- Massachusetts (desde 2004)
- Connecticut (desde 2008)
- Iowa (desde 2009)
- Vermont (desde 2009)
- New Hampshire (desde 2010)
- Washington, D. C. (en vigor desde 2010)
- Nueva York (desde 2011)

▸ Y en una jurisdicción de México:

- México, D. F. (desde 2010)

▸ Athena Staik, en su artículo *The Neuroscience of Romanticized Love-Part 1:Emotion Taboos* (*La neurociencia del amor romántico. Parte 1: Emociones tabú*), publicado en la página de Psych-

Central.com en 2012, afirma que, gracias a las nuevas tecnologías para estudiar el cerebro, se ha encontrado que el amor adictivo, el sexo y los patrones de relación pueden tener los mismos efectos fisiológicos que el consumo de cocaína. Afirma también que el cerebro es un órgano relacional, y que el amor realmente se siente en el corazón. El cerebro está diseñado para producir sensaciones placenteras, y no hay nada más saludable que las experiencias de amor, afecto, cuidado y compasión.

▸ Recomendaciones bibliográficas:

- *Castillos de cartón*, Almudena Grandes, 2004

▸ Recomendaciones cinematográficas:

- *Los chicos están bien* (The Kids are Alright), Lisa Choldenko, 2010
- *Alguien tiene que ceder* (Something's Gotta Give), Nancy Meyers, 2003
- *Enamorándome de mi ex* (It's Complicated), Nancy Meyers, 2009

2 • Basura mediática sobre el amor

Laura

Vino al consultorio muy agitada y llorando en medio de una crisis nerviosa, estaba segura de que su marido la engañaba y no sabía qué hacer; si confrontarlo, callar o iniciarse como detective profesional para encontrar la verdad. Cuando le pregunté por qué estaba tan segura de la infidelidad, me contestó que todos los hombres son iguales.

Le pedí que me explicara un poco más su situación, y pasó 20 minutos dándome ejemplos para ilustrar su creencia. Fue a su disco duro, a los recuerdos más remotos que tenía almacenados y contó la historia de un vecino que engañaba a su mujer, habló de su tío de Villahermosa que tenía dos familias, de las actitudes de sus compañeros de trabajo casados, que no tenían el menor pudor para intentar seducir a casi todas las mujeres de la oficina. También me contó que su mamá le había dicho desde muy chiquita, y hasta el cansancio, que no debería meter la mano al fuego por nadie, y menos por un hombre, porque los hombres son así, infieles por naturaleza.

La verdad es que no había ninguna evidencia de que su marido estuviera teniendo una relación con alguien más, y más bien parecía que ella estaba programada para que le pasara algo así tarde o temprano. Casi lo estaba invocando, y su certeza sobre la infidelidad tenía más que ver con lo aprendido en su casa, con las pláticas de café con sus amigas, en las que se convencían unas a otras de que los hombres son buenísimos para tener sexo a diestra y siniestra sin necesitar enamorarse, sin escrúpulos ni culpas, y que son capaces de desear a todas las mujeres sobre la Tierra.

Se acordó de varios programas de televisión en que los protagonistas son hombres infieles. Hasta trajo a Charlie Sheen a

la conversación, a Mel Gibson, a Tiger Woods, a Clinton..., a todos los hombres de quienes se había sabido públicamente que engañaron a sus mujeres.

Las creencias de Laura eran más poderosas que la realidad de su vida en pareja, la cual parecía estar pasando por un momento de lejanía, de agotamiento físico y emocional de los dos, que los dejaba sin ganas de hacer el amor y a veces sin ganas de conversar. Pero la única explicación para el alejamiento sexual que cabía en la cabeza de Laura era que él tuviera a otra, *porque los hombres son infieles por naturaleza.*

La cultura popular y el amor

Hace algunas semanas fui con amigos a un bar karaoke. Lo que más recuerdo es que querían cantar *Desesperado* de José José. La verdad es que nunca había escuchado la letra con atención, y me sorprendió el sentido de la canción (una de millones de canciones en el mismo estilo), describiendo una relación bastante dolorosa, y el sometimiento y la humillación como las características del enamorado. La gente se toma unos tequilas y le dan ganas de cantar este y otros dramas hechos canción, dedicados a exaltar la incondicionalidad extrema de las relaciones tormentosas, que uno no puede dejar porque siente que se muere.

Los componentes masoquistas de las canciones románticas en general hablan de una cultura popular con poca conciencia de los significados que hay detrás de lo que canta. La música, el cine, la prensa, la televisión, la literatura son reflejo de las ideas dominantes en un momento histórico determinado. El consumo de estas ideas penetra nuestro inconsciente, a fuerza de vernos expuestos a los mensajes mediáticos que nos repiten frases, palabras, creencias, de las que muchas veces no nos damos cuenta.

Ser *la gata bajo la lluvia,* como dice la canción, puede resultar muy romántico, pero también tiene un mensaje humillante para la mujer que se identifique con la letra. Quizá conscientemente nunca querríamos ser una gata bajo la lluvia por más linda que sea la canción; sin embargo, la cantamos con mucho sentimiento, y tal vez al cantarla muchas veces se nos cuela al corazón y al inconsciente la idea de ser una gata sola, abandonada bajo la lluvia, aunque en el nivel consciente nos consideremos mujeres fuertes e independientes, incapaces de esos grados de dependencia.

La ligereza es característica de nuestro tiempo porque la información fluye libremente al margen de cualquier filtro o clasificación. Ya nada nos sorprende, y mucho menos una canción.

Y todo fuera como cantar en un karaoke, pero muchas veces el asunto no se queda solamente en cantar, porque con frecuencia vivimos dentro de las canciones, se nos cuelan al alma y van formando parte de nuestra manera de pensar y sentir sobre el amor, que pierde su sello original para masificarse y lograr identificación con miembros de nuestra generación, grupo socioeconómico, región o país.

Parece que culturalmente las canciones que hablan de ardidos, corazones rotos, humillaciones y decepciones, de casi morirse cuando nos dejan, son las privilegiadas por los medios para ser tocadas, difundidas y convertidas en éxitos comerciales que generan mucho dinero.

Estas canciones están entretejidas en nuestra cultura colectiva. Las cantamos en automático, las escuchamos en bodas, bares, la radio. Y se cuelan a nuestra alma, a menos que hagamos el ejercicio de escucharlas atentamente y nos demos cuenta de la clase de mensaje que nos están enviando.

El drama vende porque la vida cotidiana es más simple y las canciones tristes se vuelven nuestro melodrama personal, igual que los programas escandalosos y las telenovelas.

Noam Chomsky dice que nada de lo que consumimos es inocente, y Foucault afirma que los *discursos dominantes de una cultura* (incluidas las canciones de José José) *terminan influyendo en nuestra forma de pensar*. Yo les creo. El poder del mensaje ha sido ampliamente utilizado por mercadólogos, políticos, gobernantes y medios de comunicación para construir verdades a fuerza de repetición.

Nuestro lenguaje dominante

Sin que medie reflexión alguna hablamos tranquilamente de relaciones destructivas, tóxicas, de codependencia o disfuncionales. Y no es que por sí mismo sea nocivo ponerle nombre a las cosas. Nombrar nos ayuda a entender, y tiene un sentido pedagógico, siempre y cuando no nos volvamos fanáticos de nuestras definiciones preferidas.

Los adjetivos describen las experiencias humanas específicas de forma parcial, por lo que valdría la pena utilizarlos con una buena dosis de cautela. Decir que soy codependiente es tan solo una descripción parcial, incompleta, de todo lo que soy, de todas las palabras que podría utilizar para describir mi identidad.

El lenguaje actual que se usa para hablar de las relaciones amorosas enfatiza la codependencia, la destructividad en las relaciones, el éxito de la pareja, los valores a los cuales aspirar para ser feliz en el amor, los estereotipos de cómo se ve una pareja feliz y exitosa.

Así como Sigmund Freud hablaba de histéricas en 1905, hoy lo hacemos, por ejemplo, de relaciones tóxicas. Lo cierto es que las relaciones de pareja son complejas, el sexo requiere práctica y tolerancia, y la comunicación puede volverse escasa y poco edificante. Valdría la pena que estas y muchas otras situaciones particulares pudieran ser descritas con nuevas ideas y palabras que reflejen con mayor precisión la vivencia particular.

Leer libros acerca del amor es muy útil, y sobre todo didáctico, para tratar de entender algunas de las cosas que nos pasan. Pero por su carácter masivo necesitan acompañarse de conciencia, reflexión y experimentación de soluciones hasta encontrar lo que nos funcione para vivir más contentos en lo individual y en nuestras relaciones.

Lo importante es no olvidarnos de que somos irrepetibles, y que seamos capaces de hacer descripciones de nuestra propia vida sin necesitar un guión universal de palabras para hablar de lo que nos pasa a nosotros y en nuestras relaciones de pareja.

SECRETO

Ejercicio de autoconocimiento:

Escribe todas las noches, durante un mes, sobre lo que te pasó en el día, cómo te fue en el trabajo, con tus hijos, con tu pareja. Incluye cómo te sentiste, qué te preocupa, qué tienes pendiente, qué cosas has pospuesto resolver contigo misma/o y con tu pareja.

Ética de los expertos en amor

El otro día intenté contar, sin éxito, cuántos especialistas hablan en los medios de comunicación sobre sexualidad, pareja, desarrollo humano, huellas de abandono, disciplinas meditativas y muchos otros temas relacionados con la vida emocional. Muchos de ellos venden talleres, cursos, recetas mágicas, que a veces solo son un negocio redondo porque después del taller viene la terapia de pareja, la terapia individual, el taller 2, la compra del CD indispensable para reforzar lo aprendido, en fin. Es triste que algunos de estos *expertos* no tengan los estudios mínimos para presentarse como terapeutas o especialistas en bienestar emocional.

Quizá quienes nos dedicamos a esto no siempre somos conscientes del poder que llegamos a tener en quienes nos escuchan, nos leen o nos consultan en terapia. Hay quienes abusan de eso y se atreven a decirle a una pareja en un taller o en el consultorio cuándo deben separarse o no. Algunos *colegas* toman partido por el hombre o por la mujer en sesiones de pareja; y con ello empeoran la situación, en vez de ayudar.

Si no somos selectivos, podemos encontrarnos con psiquiatras que no son terapeutas de pareja, trabajando como terapeutas de pareja. Psicólogos que no son psicoterapeutas, ejerciendo la práctica terapéutica, o terapeutas recetando fármacos sin ser psiquiatras.

La divulgación de la psicología con frecuencia no se toma en serio, por lo que puede llegar a desvirtuarse cuando algunos la hacen parecer como una conversación trivial y casera que podría tenerse en un café con cualquiera de nuestros amigos más cercanos, surgida del sentido común y no de un conjunto de conocimientos basados en la preparación teórica y en la intensa práctica clínica de muchos años. Esto es lamentable.

SECRETOS

De vez en cuando, analiza las canciones que te gustan mucho, las que pones hasta el cansancio cuando te sientes triste y examina lo que dicen y qué mensaje te envías al cantarlas.

•

Si buscas ayuda terapéutica, es tu derecho saber cuál es la formación profesional de quien hayas elegido para que te ayude.

•

Si tienes hijos, puedes analizar con ellos también los contenidos de las letras de las canciones, las historias que transmiten los programas de televisión o los valores que defiende el protagonista de una película.

Las películas, también una industria millonaria, igualmente ofrecen dramas de altas intensidades, amores desesperados, relaciones demoledoras. Cada primavera se estrenan varias películas sobre solteros en desgracia, mujeres y hombres recién divorciados cuya vida es un desastre hasta que logran encontrar el amor. La cultura mediática vende la idea de que la soledad es miserable, y el amor, la fórmula de la felicidad a la cual hay que aspirar.

Consumimos mucha basura sobre el amor y termina formando parte de nuestras ideas sin darnos cuenta, por eso es tan importante ejercitar nuestra capacidad reflexiva en todo momento. Nuestro criterio personal es importantísimo para ser personas realmente libres y responsables de nuestras creencias y prácticas sobre el amor.

La famosa frase *¡Que pase el desgraciado...!*, seguramente debe formar parte del inconsciente colectivo de hombres y mujeres de nuestro tiempo. Las televisoras nos *educan* en alguna medida.

Quien no tiene acceso a otro tipo de cultura es mucho más vulnerable al poder de la televisión cuando nos dice, por ejemplo, que *los hombres no son de fiar*. He escuchado a tantas pacientes afirmar que los hombres son *infieles por naturaleza*, y también *desgraciados*.

Los contenidos de las telenovelas siguen mostrando a buenos y malos y a buenas y malas, reforzando un mundo irreal, porque todos somos una mezcla de bondad y maldad, dependiendo de la situación.

Hay numerosas películas cuyo objetivo de mercadotecnia son las mujeres jóvenes. La mayoría muestra a mujeres que no saben ser amigas entre sí, que pelean por un hombre, que se obsesionan con conquistar al protagonista. Por ejemplo, el libro y después película de *He's Just Not That Into You*, 2009 (A él no le gustas tanto), tiene como mensaje central que las mujeres debemos saber leer las señales de cuándo no le gustamos tanto a un hombre que solo está poniendo pretextos. El planteamiento es en realidad de un machismo sublime; vende muy suavemente la idea de que debemos aprender a detectar si le gustamos o no a un hombre, como si nos sobrara el tiempo, como si fuera de la más grande relevancia, cuando en realidad el asunto de la atracción es un tema de reciprocidad y no de que las mujeres tengan el radar encendido.

Ahora resulta que debemos tener un detector emocional que nos haga saber si los hombres quieren o no una relación *seria y comprometida* con nosotros, ubicando a la mujer en una situación de sometimiento y búsqueda de la aprobación masculina.

Afirmar que no hay hombres que valgan la pena y que huyen del compromiso, que las mujeres son quienes quieren casarse y traen el vestido de novia en la cajuela, y muchos otros lugares comunes, no nos ha ayudado nada a construir discursos colectivos que promuevan la equidad de género, relaciones igualitarias y de colaboración y amor entre hombres y mujeres.

Algunos ejemplos de películas que muestran una visión menos estereotipada y más original del amor:

500 Days of Summer (500 días con ella): es un buen ejemplo de una visión más realista en el tema del amor de pareja. El filme tiene una estructura que va hacia delante y hacia atrás en el tiempo, con las subidas y bajadas que toda relación amorosa necesariamente implicará. Y plantea el final de una relación amorosa, ese final no feliz que pocos se atreven a mostrar por miedo a que la cinta no sea un éxito comercial.

Blue Valentine (Triste San Valentín). Es una película independiente que muestra la destrucción de la relación conyugal de una pareja que comenzó a amarse en la adolescencia y, poco a poco, con el desgaste generado por el paso del tiempo, la falta de coincidencias en las aspiraciones hacia el futuro, las responsabilidades financieras y emocionales de ser padres, el abuso de alcohol por parte de él, las ganas de ella de superarse y salir de la mediocridad, terminan generando un desencuentro irremediable durante la celebración de un 14 de febrero. Esta película no fue un éxito comercial. Quizá tanta realidad nos llega a asustar.

Valdría la pena hablar un poco de la serie de HBO *Mad Men*, que nos muestra la cultura de los publicistas en los años sesenta en

Nueva York, la cual resulta un retrato vigente del machismo, las adicciones, los roles estereotipados de hombres y mujeres, la mujer vista como objeto del deseo y no como sujeto deseante. La mujer valiosa por su aspecto, por su arreglo y por su juventud. El hombre valioso por ser un conquistador capaz de generar riqueza y éxito.

Varias cosas han cambiado para bien en los roles de hombres y mujeres. Mucho se ha ganado en el tema de equidad de género, aunque todavía falta un largo camino por recorrer en la construcción de relaciones más igualitarias, más amorosas, menos confeccionadas a la medida de las expectativas culturales y más tejidas con base en las necesidades particulares de cada pareja. Seguramente podemos ver algo de nosotros mismos reflejado en esas historias sesenteras de neoyorquinos excesivos, llenos de malos hábitos y un sentido casi inexistente de la ética y los límites, producto de la posguerra y del surgimiento de la liberación sexual.

La libertad de expresión es un derecho fundamental. La diversidad de opciones nos permite elegir, aunque creo que deberíamos ser consumidores más exigentes y no comprarnos todo lo que nos venden. Filtrar, fijarnos más en los contenidos que consumimos y saber que, ciertamente, los consejos, los programas y las opiniones tienen una utilidad en tanto se interiorizan, se digieren y se elije lo que nos es útil y lo que no. Esto es responsabilizarse de tu propia vida.

SECRETO

Ejercitando la conciencia, la capacidad de reflexión y la congruencia:

Haz un cuadro de dos columnas. En la primera, pon las cosas que valoras: la valentía, la dignidad, la honestidad, la sencillez, la compasión, etcétera.
En la segunda pon canciones, películas, libros o programas y escribe qué valores defienden o atacan. Compara las columnas. Contrástalas. Reflexiona.

Información interesante

- Televisa producirá una telenovela con la empresa estatal *China International Television Corporation* (propietaria de CCTV). Se realizará en China y se distribuirá en América Latina, con una audiencia potencial de 2000 millones de telespectadores. Con anterioridad, *Yo soy Betty, la Fea* consiguió un promedio de audiencia de 11 millones de personas a través de Hunan Satellite TV. Las oficinas de Televisa en Pekín y Shanghai explorarán otras oportunidades en el mayor mercado mundial, en términos de aparatos de televisión.*

- Hay un millón 550 mil entradas en Google sobre canciones de amor, y 290 mil para codependencia.

- La ENCUP (Encuesta Nacional sobre Cultura Política y Prácticas Ciudadanas), realizada por el INEGI (Instituto Nacional de Estadística y Geografía) y la Segob (Secretaría de Gobernación), reportó que solo el 1% de la población consulta más de un medio (es decir dos o más) para informarse, 4% solo un medio de información y 95% de la población en México solo consume entretenimiento (en radio, televisión y medios impresos).

- Recomendaciones bibliográficas:
  - *Memorias de una geisha* (Memoirs of a Geisha), Arthur Golden, 1997
  - *Comer, rezar, amar* (Eat, Pray, Love), Elizabeth Gilbert, 2006

* Santiago Íñiguez y Bryan O'Loughlin, del IE Business School. Versión original 21 de diciembre de 2010. Última revisión, 5 de julio de 2011. Editado por IE Business Publishing, María de Molina 13, 28006 - Madrid, España. ©2010 IE.

▸ Recomendaciones cinematográficas:

- *A él no le gustas tanto* (He's Just Not That Into You), Robert Kurtzman, 2009
- *500 días con ella* (500 Days of Summer), Marc Webb, 2009
- *Triste San Valentín* (Blue Valentine), Derek Cianfrance, 2010

3 • El origen del amor (versión para simples mortales)

El apego es la conexión psicológica estable
entre los seres humanos.
—John Bolwby, 1969

Los estables (apego seguro)

Érika y Juan se conocieron hace ocho años, al terminar su licenciatura en diseño gráfico. Ambos habían tenido relaciones amorosas durante la preparatoria y parte de la carrera, se hicieron amigos cuando iniciaron sus estudios profesionales pero nunca hubo nada más.

Empezaron a salir y a conocerse poco a poco, quizás esta fue la diferencia más importante que marcó la relación porque ninguno sintió prisa por acercarse y saber más del otro. En forma pausada, fueron abriéndose mutuamente, primero platicaban de cosas triviales y después más significativas. Tenían la gran cualidad de poder conversar, escucharse y hablarse a partes casi iguales. Ninguno monopolizaba la charla, compartían y se interesaban por las cosas de ambos.

Hubo mucha pasión desde el principio, pero también una buena dosis de estabilidad que les permitió ir acomodando sus agendas para verse más. Se fueron a vivir juntos después de dos años de novios.

Como es de esperarse, han tenido diferencias de opinión, momentos complicados por las dificultades naturales de la vida, pero casi nunca se les ha ocurrido pensar que su relación termine o que no va a funcionar. En el fondo, cada quien tiene una sólida convicción de que están realmente juntos, de que cuentan con una base segura y son un apoyo el uno para el otro, confían plenamente en que ninguno desaparecerá un día sin razón alguna.

Érika y Juan comparten una historia de confianza sobre su futuro en común porque siempre pensaron que el amor era posible con paciencia y perseverancia. No tienen miedo de apostarle juntos a este proyecto, saben que están donde quieren estar y están contentos por eso.

¿Qué es el apego?

Uno de los libros más completos y actuales sobre el tema del apego es *Attachment in Adulthood*, 2007 (Apego en la vida adulta), de Mikulinger y Shaver. Las siguientes ideas surgieron de la lectura de este texto, están redactadas libremente por mí y traté de apegarme lo más posible a la explicación que dan estos investigadores sobre el asunto.

El apego es eso que nos une a otras personas importantes de nuestra vida. O nos separa. Se organiza en los primeros años de la vida, cuando aprendemos a ser amados o rechazados, cuidados o abandonados, tomados en cuenta o ignorados por nuestros padres o por quienes nos cuidaron mientras éramos indefensos y pequeños.

Dicho así, suena súper radical porque todos hemos tenido dosis de todo y no existen formas de apego puro. Lo que quiero decir es que en general hubo veces que fuimos cuidados y a ratos abandonados, o más abandonados que cuidados; fuimos atendidos o ignorados, o amados y rechazados. Todos somos producto de esas contradicciones humanas.

El amor en estado puro no existe, y aunque sea una idea que nos fascine, el amor incondicional de la madre es solo una construcción de la cultura; la madre, aunque nos lleve en su vientre por nueve meses, no siempre es incondicional y puede ser capaz de odiar, de maltratar y de abandonar a sus hijos. Suena fuerte pero así llega a ocurrir.

El caso es que, habiendo aclarado que hay todo tipo de historias en la vida de una persona, se nos graba como modelo de relación una cierta forma de apego, la cual predomina sobre otras. Es la forma que mejor nos caracteriza o que más nos define como personas en la relación.

El desarrollo de nuestra personalidad comienza en la relación que tuvimos con nuestros padres o cuidadores. El apego es un sistema que nos protege en la infancia, mientras mantenemos cercanía con las figuras de apego, especialmente en situaciones de peligro. Aquellos niños que tuvieron figuras de apego fuertes y sabias, en palabras de John Bowlby, tienen más probabilidades de sobrevivir y reproducirse.

La función del sistema de apego es lograr una sensación de protección y seguridad. Cuando alguien se siente seguro, es libre de utilizar su energía en muchas cosas (como Érika y Juan). Al ser cuidada, la persona se siente digna de amor y valorada; es capaz de correr más riesgos porque siente seguridad de que tendrá ayuda si la necesita. Y es capaz de regular sus emociones y de disfrutar la cercanía con otros.

Una figura de apego es en quien se busca cercanía cuando hay hambre, frío, incomodidad o situaciones de peligro; también en quien se encuentra seguridad, protección, apoyo y paz. Permite al niño y después al adulto sentirse seguro de ser querido y tener libertad para explorar el mundo sin miedo a ser abandonado.

Cuando la figura de apego no resulta una base segura, predecible y protectora, todas las energías se nos van en vigilar que no desaparezca porque quizá nunca vuelva. Este estado de alerta de que no nos abandonen se llama angustia de separación.

Los niños antes de los tres años, aproximadamente, sienten esta angustia cuando no están cerca de su figura de apego.

De adultos, la angustia de separación o miedo al abandono puede activarse cuando nuestra pareja no nos contesta el teléfono durante varias horas, cuando nos separamos por un viaje o por ocupaciones de la persona que amamos. También, por ejemplo, cuando estamos en una reunión familiar con nuestra pareja donde podemos llegar a sentir que quiere más a sus hermanos y quizá nos abandona o ignora porque prefiere estar con ellos.

Una relación amorosa de largo plazo, estable y comprometida es un buen ejemplo del apego en la edad adulta. La relación romántica puede compararse con el vínculo entre el bebé y la madre. Es saludable que se den roles de cuidador-cuidado en las relaciones adultas, pero sin que se vuelvan rígidos. Aunque no lo confesemos, todos hemos querido que nuestra pareja sea a veces un padre protector o una madre comprensiva. Y también nos gusta cuidar a nuestra pareja en ciertos momentos, como lo haríamos con nuestros propios hijos.

En su libro *De qué está hecho el amor* (2000), Estela Troya dice que la propuesta de que los miembros de una pareja funcionen solo como adultos, serios y responsables, les quita muchas posibilidades creativas de relación. Es válido pedirle a quien amamos y nos ama, de vez en cuando, nos cuide como si fuéramos niños chiquitos, o proteger y aconsejar a nuestra pareja cuando se sienta frágil y debilitada, abriendo más posibilidades de creatividad y movilidad en la relación.

Hacer rígido un vínculo es la mejor forma de convertirlo en algo aburrido, predecible y agotador. Ser siempre un niño, o siempre una madre para el otro, es un ejemplo de los principales conflictos que enfrentan las parejas.

SECRETOS

Puedes organizar un intercambio de roles en días específicos de la semana. Por ejemplo:

- Comprar la despensa en semanas alternadas. Un semana él, una semana ella.
- Uno encargarse de los hijos la mañana del sábado para que el otro pueda ir a correr; la siguiente semana cambian.
- Alternadamente, cocinar, organizar los viajes, decidir qué se hará los fines de semana, tomar la iniciativa para tener sexo (cuando decimos decidámoslo juntos, suele no decidirlo nadie).

Apego seguro

Es una forma de acoplarse que permite tener una idea positiva de la relación amorosa con la certeza de que nuestra pareja nos quiere y siente mucha confianza en las posibilidades de salir adelante juntos.

No existe la tensión característica de otros tipos de apego, en los que siempre se duda de que el otro esté comprometido, enamorado, diciendo la verdad, convencido de la relación o contento de estar con nosotros.

En el apego seguro se sabe que se cuenta con el otro ante cualquier problema y se siente la certeza del amor correspondido. La persona se sabe valorada y aceptada tal como es, y a partir de todo esto es capaz de reciprocidad, de escucha atenta y activa, de compartir, de apertura confiada de lo más íntimo, sabiendo que es un lugar seguro donde estar.

Lo similar atrae a lo similar, por lo que es probable que dos con apego seguro terminen emparejándose satisfactoriamente.

El tipo de apego infantil se conserva, si no intacto, en una gran proporción en la vida adulta, y en condiciones normales de desarrollo. El niño seguro podrá volverse también un adulto seguro, en las circunstancias ambientales adecuadas.

Por ejemplo, el apego seguro permite a un adulto tener una cita romántica de primera vez sin angustia ni necesidad de contarlo todo de golpe, no tiene miedo a ser lastimado y muestra un auténtico interés en la otra persona, ya que no está apenado sobre su desempeño, sobre si estará siendo simpático o no, sobre si podrá ser amado o no. Puede trascender las primeras salidas y empezar a armar una relación con mayor compromiso, con más actividades compartidas, donde poco a poco se van revelando aspectos más íntimos de la personalidad.

Quizá lo característico de este tipo de apego es que no hay angustia, ni prisa, ni miedos terribles de ser rechazado o sentirse amenazado por demasiada cercanía. Alguien apegado con seguridad, no siente la activación de las alarmas internas frente a un encuentro nuevo con una pareja potencial. Sabe que es valioso y tiene creencias optimistas respecto de las otras personas.

Atracción irresistible (apego inseguro)

Se conocieron un jueves y el sábado ya eran pareja..., por lo menos sexualmente hablando. En la cita del jueves, ella le contó toda su vida sin filtro alguno, y hasta lloró cuando recordó el momento en que su padre la había corrido de su casa a los 19 años. Él, mucho más distante, casi no contó nada de sí mismo, y se limitó a escucharla, pensando que era mucho más fuerte que ella, al verla así de necesitada y desesperada porque alguien viniera a rescatarla de su soledad y fragilidad. Eso le gustó y lo hizo sentir importante al principio. Sería mucho más fácil llevársela a la cama, lo único que él deseaba en ese momento; en general, era lo único que quería con las mujeres: sexo, y que después no lo molestaran demasiado con demandas de cercanía o exigencias de compartir otras actividades.

Fue una relación estrictamente pasional durante algunas semanas. Ella se enamoró inmediatamente después de la primera vez que hicieron el amor, se sintió protegida por él, cosa que en realidad solo estaba en su mente porque él no quería ni sabía cómo proteger a nadie.

Los problemas surgieron muy pronto, cuando ella comenzó a mandarle mensajes y a llamarle varias veces a lo largo del día. Él no estaba acostumbrado a eso, y tampoco le gustaba; de inmediato se sintió invadido y asfixiado por los mensajes de amor en su celular. En lo único que podía pensar era en no perder su independencia, su libertad radical de hacer lo que le viniera en gana, sin que nadie le reclamara nada. Esa era la zona conocida y de seguridad donde se había manejado casi toda su vida adulta.

Ella, por el contrario, tenía una larga historia de enamoramientos instantáneos en los que siempre sentía que *ahora sí* había encontrado al amor de su vida. Se enamoraba en cinco minutos, de una mirada, de una sonrisa, de un toque casual, de la cercanía al compartir la mesa, de cualquier pregunta que pudiera revelar cierto interés en ella. Se entregaba al sexo sin ser selectiva y sin cuidar su salud sexual, adaptándose a lo que el hombre en turno pidiera o necesitara; al principio, ella se sometía *encantada* porque pensaba que una forma para que la quisieran era convirtiéndose en lo que el otro necesitaba. Después las cosas se complicaban, siempre.

Pasada la atracción inicial, ella empezaba a demandar más tiempo, a pedir cercanía, a sentir que era terriblemente injusto que él (cualquiera podía ser un *él*) nunca pudiera dedicarle un fin de semana completo. Sentía que ella daba mucho más en la relación, que era víctima de inequidad constante y esto la llenaba de rabia y tristeza. La relación se volvía de perseguidor-perseguido: mientras ella más lo buscaba y demandaba, él menos quería acercarse.

Ella tiene un apego inseguro-ansioso. Él, un inseguro-evitativo. Ambos, con apego inseguro, pero con diferentes formas de manifestarlo, se volvían la pareja *perfecta*. Él le confirmaba a ella su visión de sí misma, como no digna de amor, y activaba sin querer los mecanismos de persecución que ella se sabía muy bien. Él se sentía seguro y poderoso al lado de alguien que decía adorarlo y necesitarlo. De este modo, él se garantizaba ser quien abandonaba y nunca el abandonado, y no tenía que tomar ninguna iniciativa sino simplemente dejarse querer. Y cuidar que ella no fuera demasiado invasiva con su independencia.

SECRETO

Las relaciones amorosas basadas en el apego inseguro-ansioso o inseguro-evitativo pueden detectarse porque producen: intranquilidad, insomnio, sensación de adicción, de no poder vivir sin el otro (apego inseguro-ansioso); o asfixia, miedo a perder la libertad, miedo a ser controlado e invadido en el espacio personal (apego inseguro-evitativo).

No se aterren, pero algunas investigaciones, de esas que duran muchos años, han confirmado que los patrones de apego se conservan casi intactos de la infancia a la edad adulta, y se activan en situaciones muy intensas emocionalmente hablando, donde la seguridad básica pueda verse amenazada, más específicamente, en las relaciones con los padres o en las relaciones amorosas.

Hay semejanzas muy evidentes, muchas veces inconscientes y por lo tanto inevitables, entre la relación que se sostuvo con la figura principal de apego y la que se tiene con alguien en una relación amorosa.

Si la chava se ha quejado durante años de la frialdad y el abandono del padre, es muy probable que siga quejándose de lo mismo con sus parejas. Si la relación dominante fue con la madre y se caracterizó por poca autonomía y mucho control, *mueganismo*, mamitis, sobreprotección o como quieran llamarle, es probable que esta mujer en su vida amorosa sea así: pegajosa, muégano, y que busque a partir de la angustia de abandono y de su personalidad dependiente la confirmación de ser querida y aceptada por la pareja en turno.

Apego inseguro (ansioso o evitativo)

Los apegos inseguros pueden ser de dos tipos: ansiosos o evitativos. Ansiosos clásicos son los celosos, posesivos, intensos, que se enamoran rápido, que aman en cinco minutos, que entregan todo sin quedarse con nada, que confían ciegamente sin tener razones contundentes para hacerlo, que sienten casi la muerte espiritual cuando se les termina una relación amorosa, que son incapaces de estar sin pareja durante periodos largos, que brincan de una pareja a otra con tal de espantar la terrible soledad que les hace sentir inexistentes.

Una persona con apego inseguro se ha tenido que *entrenar* afectivamente para perseguir, chantajear, rogar, adaptarse al punto de desaparecer como individuo para recibir un poquito de atención y cariño. Al ponerse en esta situación de inferioridad o sometimiento (*one down position*), provoca maltrato, abuso, injusticia y, eventualmente, la sensación de haber sido utilizada/do y explotada/do por el otro a quien entregó todo su amor.

Los evitativos también se sienten inseguros sobre la certeza y estabilidad de sus figuras de apego, pero generan otra estrategia de autoprotección contra el dolor emocional: toman distancia, son fríos, calculadores, no se enamoran, usan, desechan, no abren su intimidad, cuidan sus espacios personales furiosamente y prefieren no tener a nadie a sentirse invadidos en su forma de vivir. Tienen algo de ermitaños, en el sentido de no ser muy afectos a hablar, a convivir ni a interesarse por los demás. Este tipo de apego surge en ambientes donde ser invisible y abandonable es casi la única posibilidad de relación.

Ser evitativo significa no tolerar los abrazos cuando se llega a la vida adulta, sentirse aprisionado cuando el novio/a intenta quedarse en la casa o empiezan a convivir más, detonándose un terror a la invasión del que no es consciente; el rechazo, agresión, indiferencia o frialdad termina alejando a la pareja (si ésta tiene un tipo de apego más seguro), o enganchándola más si se trata de alguien con apego inseguro-ansioso, que tiende a obsesionarse cuando se le rechaza o abandona.

La narrativa del evitativo es más o menos la siguiente:

Si le dejo entrar, me invadirá y luego me abandonará.
Es la historia de mi vida, por eso me alejo o abandono antes de que me abandonen. Por eso no me acerco, por eso no puedo sentir empatía; aprendí muy pronto a rascarme con mis propias uñas.
El amor es una mentira que casi siempre termina mal.

En el fondo, ansía la cercanía pero carece de las habilidades emocionales para construirla de una forma estable. Son los correlones/correlonas profesionales que, cuando sienten que alguien puede conmoverlos, salen huyendo aterrados de sus propios sentimientos. Los apegados inseguros/evitativos hacen múltiples maniobras para proteger su independencia, su *amada* libertad, que a veces no es más que una profunda desolación.

Insisto, los patrones de apego se conservan casi intactos desde la infancia y hasta la edad adulta. Sin embargo, en su artículo *El cerebro enamorado*, publicado en el *New York Times* en marzo de 2012, Diane Ackerman nos comparte buenas noticias al afirmar que donde más pueden observarse cambios neuronales en resonancias magnéticas es en lo relacional, es decir, que las experiencias relacionales *transforman nuestro cerebro*.

Ackerman comparte conceptos súper emocionantes y novedosos como la neurobiología interpersonal, y la explica diciendo que el cerebro se reprograma constantemente con base en la vida diaria. Aquello a lo que le ponemos más atención nos define o caracteriza como personas, y todas nuestras relaciones cambian el cerebro. Las más íntimas nos impulsan a crecer o nos estancan, y nuestro yo (el núcleo de la personalidad) se construye a base de recuerdos y emociones de estas relaciones.

Los primeros apegos del bebé con la madre han sido registrados en resonancias magnéticas. Este primer apego *marca* el cerebro porque el cuerpo recuerda la unión/fusión con la madre y anhela el equivalente a esa unión/fusión en la vida adulta, especialmente con su pareja.

Sentirnos sentidos es una necesidad humana que explica, entre otras cosas, por qué buscamos en el amor romántico relaciones de apoyo que nos den soporte para la vida.

Las relaciones amorosas son las que alteran el cerebro de forma más significativa, para bien o para mal.

SECRETO

Si las relaciones, especialmente las amorosas, son las que más intensamente modifican el cerebro, deberíamos ser muchísimo más selectivos cuando elegimos a quién amar. Las relaciones que decidimos tener —o que muchas veces ni decidimos porque simplemente nos pasan— ¡cambiarán nuestra vida y nuestro cerebro! ¡Ojo!

El torbellino que genera la atracción sexual y las hormonas del apego reconfiguran al cerebro, que se *expande* para incluir al otro.

El cerebro se amplifica y genera nuevas redes neuronales cuando está *enamorado.*

Al hacer el amor, intercambiamos pedazos de identidad con quien amamos. No solamente nos metemos debajo de la piel de alguien, lo absorbemos en nuestro cerebro. Y ese registro queda grabado en nuestra memoria.

SECRETO

Hay relaciones amorosas que nos producen seguridad y sensación de confianza, y en las que no es necesario gastar energía valiosa en dudar del otro o en sentir que la relación peligra constantemente.
Estas son las relaciones que nos hacen bien y transforman nuestro cerebro en forma positiva. Hay que intentar, conscientemente, elegir y construir una así, y si no somos capaces de hacerlo, buscar ayudar profesional.

No somos *un edificio terminado* que ha quedado totalmente construido en los primeros años de vida. Existe la posibilidad de la modificación del patrón de apego, sobre todo a partir de la elección más consciente y más sana de una pareja con la que no se repita la historia de inseguridad ansiosa o de inseguridad evitativa de la infancia.

SECRETO

Es importante que puedas identificar qué tipo de apego predominante tienes para estar más consciente de tus elecciones de pareja, y para que no repitas, inconscientemente, apegos inseguros, ansiosos o evitativos.

Lograr elecciones de pareja más sabias y sanas requiere reflexión, autocrítica, conocimiento de nuestra historia emocional y a veces de ayuda profesional.

No sirve *echarle ganas* o *decidir un buen día* que de ahora en adelante nos relacionaremos diferente. Es indispensable mapear, aclarar e identificar con los mayores detalles posibles nuestra forma de apego para así poder entenderla y ver cómo actuamos en consecuencia en los diferentes ámbitos de nuestra vida.

Nuestro modo de apego se manifiesta sobre todo en el terreno amoroso, pero también puede observarse en las relaciones amistosas, laborales y, obviamente, con la familia de origen, donde se formó años atrás.

INFORMACIÓN INTERESANTE

- En el budismo, uno de los enemigos de la paz del espíritu es el apego, entendido como una necesidad desordenada de personas o cosas. *Apegarse a las cosas solo puede derivar en dos resultados: o desaparece a lo que estás apegado o tú desapareces. Es cuestión de tiempo solamente.* (Goenka)

  Para los budistas, el apego es un afecto exagerado. Su planteamiento es radicalmente distinto del Occidental, aunque podría servir de reflexión para moderarse y buscar apegos seguros, que se basen en el respeto a la libertad y en la seguridad mutua.

- En una serie de controvertidos experimentos, dirigidos por Harry Harlow en los sesenta se demostró el poder del amor al descubrir los efectos devastadores de alejar de sus madres a un grupo de monos rhesus casi recién nacidos. Harlow comprobó la importancia del amor materno para un desarrollo infantil saludable. Los experimentos carecían de ética y eran crueles, pero revelaron verdades fundamentales que han impactado nuestra comprensión sobre el desarrollo infantil.

- Recomendaciones bibliográficas:

  - *El amor en los tiempos del cólera*, Gabriel García Márquez, 1985
  - *Versos de vida y de muerte*, Amos Oz, 1939
  - *Viaje de invierno*, Amelie Nothomb, 2011

- Recomendaciones cinematográficas:

  - *Diario de una pasión* (The Notebook), Nick Cassavetes, 2004
  - *Eterno resplandor de una mente sin recuerdos* (Eternal Sunshine of the Spotless Mind), Michel Gondry, 2004
  - *Amor sin escalas* (Up in the Air), Jason Reitman, 2009

4 • Narcisismo y amor

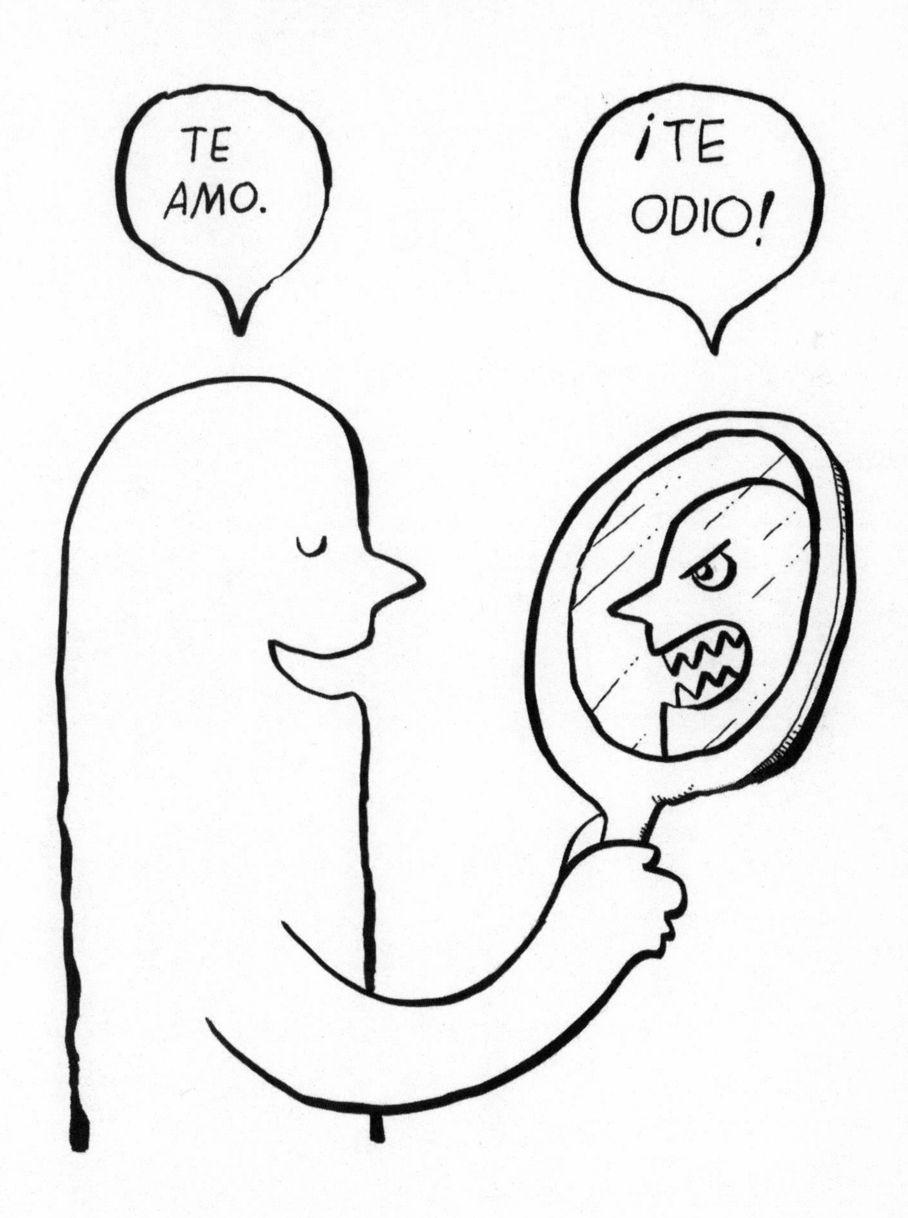

A quien ingrato me deja busco amante;
al que amante me sigue, dejo ingrata; constante adoro a quien
mi amor maltrata; maltrato a quien mi amor busca constante.
—SOR JUANA INÉS DE LA CRUZ

Carlos y Laura

Carlos siente una profunda envidia de la capacidad de amar de Laura porque él no la tiene; a veces piensa seriamente que no puede enamorarse y mucho menos sentir amor.

Al principio de la relación sintió que se enamoraba, pero muy pronto llegó el aburrimiento. Muy pronto despojó a Laura de todas las cualidades maravillosas que le atribuyó en unas cuantas semanas para después dejarla caer desde muy alto, romperla, devaluarla, dejar de verla bonita y dejar de pensar que era lista. Competía internamente por ser mejor que ella, no podía reconocer sus cualidades porque eso lo hacía sentir menos. No es que Carlos se amara mucho a sí mismo, es que se amaba tan mal como intentaba amar a Laura.

Era receloso y agresivo, y fue un niño solo que creció muy necesitado de amor; le costaba trabajo no pensar en la inestabilidad emocional de su madre, quien fue lejana y cercana cíclicamente, al punto de casi enloquecerlo porque a veces sentía que lo quería y a veces no; a veces estaba y a veces no. Como consecuencia de la falta de constancia de la madre, Carlos sentía terror de que Laura lo abandonara, no lo quisiera y solo lo utilizara. Por eso prefería ser el primero en abandonar, malquerer, usar y desechar. Carlos no amaba porque no había desarrollado esa capacidad y porque le servía de defensa para su miedo de ser abandonado.

Laura lo amaba ciegamente, lo que la hacía incapaz de darse cuenta del maltrato, y aguantaba situaciones insoportables como el mal carácter de Carlos, su egoísmo excesivo, su perfeccionismo y sus exigencias de perfección puestas en ella. Casi nunca se sentía aceptada ni valorada; por el contrario, se sentía criticada y poco valiosa.

Carlos continuaba en la relación con Laura porque en el fondo sabía que no había muchas mujeres que soportaran su forma de ser. Ella continuaba con él creyendo que con ternura y comprensión lograría cambiar al hombre frío, distante y egoísta. Laura también tenía algo de narcisista, al creer que tendría el poder para cambiar a alguien. Se complementaba con Carlos porque era claramente la buena de la pareja, la que todos admiraban por querer y aguantar a un hombre tan difícil. La verdad es que se sentía maltratada y triste, pero cuando surgía esa voz de la conciencia, la acallaba y prefería convencerse de que su relación no estaba tan mal.

A menudo, Carlos sufre profundamente su incapacidad de amar, se da cuenta de que su forma de ser —desconfiado, encerrado en sí mismo— lo aísla de cualquier posibilidad de cercanía e intimidad. Con frecuencia decide que es tiempo de cambiar, pero no sabe cómo, la única opción que conoce y repite compulsivamente es terminar tarde o temprano con sus relaciones amorosas. Está preparando la salida de la relación con Laura, pero no de frente sino por la puerta de emergencia. Con su desamor, ha empezado a alejarse de Laura y solo falta hacer la desaparición final sin importarle lo que ella pueda sentir. Tiene una gran capacidad para decir *ya no te amo*, con absoluta frialdad. Quizá sienta algo parecido a la tristeza durante algunos días, pero después encontrará a una sustituta para Laura y la historia volverá a comenzar.

¿Qué es el narcisismo?

El narcisismo es un trastorno de la personalidad que se caracteriza por la incapacidad de amar. Como en cualquier conducta humana, existen distintos grados; según Nancy McWilliams en su libro *Psychoanlytic Diagnosis*, 1994 (Diagnóstico psicoanalítico), se pueden tener rasgos narcisistas, trastorno narcisista de la personalidad o narcisismo maligno. Generalmente, el origen infantil es una madre poco empática hacia las necesidades del hijo, que no logró en consecuencia sentirse visto y valorado, y tampoco pudo construir una identidad clara ni la certeza de ser digno de amor y reconocimiento.

Estas son las lesiones de la falta de una mirada amorosa: un vacío de identidad que se compensa buscando el reconocimiento social a cualquier precio.

Los narcisistas no aceptan la crítica y son mucho más vulnerables y furiosos que los no narcisistas; al sentirse descubiertos en alguna falla, se enfurecen.

La falta de certeza sobre ser dignos de amor los incapacita para sentirlo y para darlo a los demás, y utilizan mucha de su energía en cuidar una imagen impecable frente al mundo. A veces resulta difícil darse cuenta de que internamente sufren por sentirse observados y hasta perseguidos por los demás, ya que son expertos en lucir muy bien externamente. Para su pareja lo más complicado puede ser, además del desamor, convertirse en culpable de todo cuanto sale mal en la relación, porque el narcisista no reconoce cuando falla. Se avergüenza, lo oculta y culpa al otro.

Algunos narcisistas pueden enamorarse al menos por periodos cortos. La capacidad de enamorarse, o no, diferencia los grados, mientras más grave es, menores las posibilidades de intimar y querer a alguien profundamente.

La capacidad normal de enamoramiento y la permanencia en un vínculo amoroso es una característica de las personas sanas emocionalmente.

Existe un narcisismo sano que nos permite querernos a nosotros mismos, sentirnos orgullosos de nuestros logros, vernos haciendo las cosas bien y reconocer nuestros méritos. Y no estorba la capacidad de amar. Se vuelve patológico cuando la persona es incapaz de registrar la existencia e importancia de los demás, cuando es indiferente hacia los sentimientos de la pareja, hijos, amigos o compañeros de trabajo.

El narcisista tiende a abandonar cuando la pareja comienza a pedir tiempo, atención y cariño; se cansa pronto de dar lo poco que da, que para él/ella es muchísimo. Suele no darse cuenta de su falta de empatía y la reciprocidad necesaria en el amor, la vive como explotación. Se enoja cuando le toca dar.

Extremadamente susceptible a la crítica, como bien dice Otto Kernberg, prefiere ser admirado que amado. Aunque llegue a tener logros externos, no siente una alegría profunda en su interior; la sensación de vacío, que también lo caracteriza, parece no llenarse con nada.

El narcisismo maligno es el grado más grave de este trastorno de la personalidad porque no hay empatía alguna ni conciencia de que algo esté mal internamente. Los narcisistas malignos tienen rasgos sádicos importantes. No solo no aman, sino que parecen disfrutar del sufrimiento de la pareja y gozan devaluándola y destruyéndola. Son muy difíciles de ayudar porque no reconocen en nadie una mayor capacidad intelectual que la de ellos, por lo que no recurren casi nunca a ayuda profesional.

Varias investigaciones afirman que hoy en día hay más narcisistas que en décadas anteriores. Esto tiene que ver con el ingreso de las madres al mundo laboral, con la inevitable modificación en la intensidad de la convivencia y la cercanía con los hijos, que en algunos casos crecen muy solos o a cargo de nanas, maestros particulares o abuelas. Este abandono temprano puede contribuir al desarrollo de personalidades narcisistas, que no tienen la capacidad de empatía necesaria para construir vínculos significativos.

Esta no es de ninguna manera una afirmación general, pero sí un elemento que podría explicar la alta incidencia de narcisismo en el momento actual.

También el mundo de las redes sociales virtuales ha contribuido a exacerbar las estructuras de personalidad narcisista. Algunas investigaciones, como la del psicólogo Larry D. Rosen, de la Universidad Estatal de California, han intentado descubrir si las redes solo amplifican y potencializan el narcisismo, o si lo causan mediante el culto a la imagen, a la popularidad y al exhibicionismo de vidas falsamente perfectas y envidiables, o de inteligencias excepcionales, como las que se construyen en Facebook o Twitter.

Las parejas de narcisistas

Las parejas de narcisistas también tienen grandes carencias afectivas. Forman con el narcisista un pacto inconsciente muy difícil de romper, incluso cuando llegan a buscar ayuda terapéutica, a pesar de llevar años sintiéndose inferiores, no merecedores de amor y muy abandonados por su pareja. Estas personas pueden tener tendencias autodestructivas importantes y, en muchos casos, personalidades masoquistas con una altísima tolerancia al desamor y al sufrimiento. También pueden ser personas excesivamente adaptables (falta de identidad), al punto de no tener un sentido de sí mismos, se convierten en admiradores y en extensión de la pareja, y sienten que existen y son valiosos gracias a la relación.

En términos generales, hay más hombres narcisistas o por lo menos de forma más evidente. Culturalmente, se les premian mucho más sus éxitos individuales en comparación con las mujeres, a quienes se les considera valiosas por su generosidad, capacidad de cuidar y de renunciar a sus deseos personales.

Sin embargo, habrá excepciones y casos en que la mujer sea la narcisista y el hombre el masoquista, el dependiente o el fronterizo (trastorno de la personalidad caracterizado por la inestabilidad emocional extrema) o el narcisista pasivo (aquel que cree tener el súper poder de rescatar del narcisismo a su pareja).

No se debe olvidar que en las parejas pueden darse relaciones complementarias disfuncionales, es decir, que la frialdad y lejanía de un narcisista puede atraer a un fronterizo que necesita el rechazo y el drama emocional. Además, la dependencia extrema del fronterizo puede alimentar la necesidad de reconocimiento y el ego desmedido del narcisista.

En el capítulo 3 expliqué los tipos de apego. Este ejemplo ilustra una relación donde el enganche de la pareja se basa en el apego evitativo del narcisista y el apego ansioso del fronterizo. Y es reflejo de patrones de apego aprendidos en la infancia. Kaslow y Lachkar han escrito ampliamente sobre las relaciones complementarias, en las que agua y aceite sí se pueden juntar.

Diferencias entre hombres y mujeres narcisistas

En investigaciones como la de Ansara y Shia de la Universidad de Toronto (2001), se encontró que hay diferencias importantes entre hombres y mujeres narcisistas. Los hombres tienden más a afirmar su superioridad frente a los demás, aun cuando se equivoquen y carezcan de la humildad para aceptarlo.

Quizás, entre otras cosas, porque esta actitud es validada culturalmente. Si la mujer tiene la misma conducta, no será igualmente aceptada y mucho menos premiada socialmente. La mujer debe conseguir la autoafirmación narcisista a través de formas más sutiles e indirectas, las cuales impliquen un poco más de trabajo en equipo, o emparejarse con alguien poderoso o famoso. Los hombres narcisistas son mucho más explotadores que las mujeres y utilizan a los demás sin escrúpulos porque sienten tener derecho a todo. Las mujeres tienen, proporcionalmente, menos conductas de explotación hacia los demás. No son tan radicales en su sentido de merecerlo todo. Todas estas conclusiones de las investigaciones, como siempre, son generalizaciones que tienen bastantes excepciones.

Gerardo

Gerardo tiene 48 años, dos divorcios y un matrimonio que está a punto de romperse. Desde muy joven disfrutó su papel de conquistador de mujeres, mientras más seducía, más poderoso y seguro de sí se sentía. En la universidad conoció a Carla, quien era la mujer más guapa de la generación y, casi en el instante que la vio, decidió que debía ser su novia. Y así fue. Se casaron después de un corto y apasionado noviazgo en el que ambos se veían a sí mismos como la pareja ideal. Tuvieron una boda espectacular, y Gerardo se gastó hasta lo que no tenía para impresionar a todos sus amigos, pero especialmente a su madre, con quien no llevaba buena relación y constantemente le había dicho a lo largo del tiempo que era un bueno para nada. Después de la gran boda y la increíble luna de miel en África, Gerardo y Carla regresaron a vivir la vida de verdad.

Apenas habían pasado unos cuantos meses y Gerardo comenzó a aburrirse de Carla. Dejó de desearla y de gustarle muy pronto, ya no la veía resplandeciente. Había conseguido que se casara con él, y ahora no sabía qué hacer con ella.

Carla, por su lado, empezó a sentir la lejanía y frialdad de Gerardo e hizo intentos por acercarse a él. Le decía todo el tiempo que lo adoraba, le preparaba comidas y cenas especiales, se cambiaba el corte de pelo y emprendió una dieta tras otra, porque una mañana Gerardo le dijo que estaba engordando.

Pero parecía no haber manera de recuperar su interés. Estaba aburrido de la convivencia diaria y de ver a Carla como una mujer normal, y no como la diosa que solo había existido en su imaginación.

Gerardo empezó a pasar más tiempo con sus amigos y amigas que en la casa y, al poco tiempo, se involucró sexualmente con otra mujer. Carla se dio cuenta e intentó perdonarlo, aunque él no se lo pidió. Un día, Gerardo decidió irse de la casa porque no soportaba vivir con Carla, sentía que se asfixiaba a su lado y el amor que le ofrecía ya no le interesaba.

Se divorciaron apenas cumplido el año de casados. A los tres meses, Gerardo comenzó a salir con otra mujer mayor que él, una empresaria exitosa, divorciada hacía muchos años y quien no había querido tener hijos para que no interfirieran con su carrera profesional.

Esta mujer se llamaba Sandra, y ni siquiera notó que Gerardo existía durante la junta de trabajo donde se conocieron. Gerardo, quien se pensaba irresistible, no pudo dejar de pensar en Sandra desde el momento que la conoció, sobre todo porque no le había hecho ni un poco de caso.

Empezó a llamarla, a enviarle flores e invitarla a comer con insistencia. Ella se negó muchas veces hasta que un día aceptó verlo. Salieron y la pasaron muy contentos. Gerardo la miraba mientras cenaban y pensaba que esta sí era la mujer de su vida.

Sandra quebrantó sus defensas y se enamoró de Gerardo, que era encantador, guapo, bien vestido, exitoso y, sobre todo, la adoraba como nadie. Se casaron a los seis meses de ser novios en otra boda espectacular, aunque un poco más modesta que la primera. Gerardo y Sandra también eran la pareja perfecta a la vista de todos sus amigos. *Esta vez será para siempre,* se repetía Gerardo al verse en el espejo del hotel donde fue el banquete de bodas.

También tuvieron una gran luna de miel y disfrutaron un año con seis meses de amor y pasión a toda prueba. Hasta que una mañana, Sandra amaneció tristísima, hormonal, con una gripa horrenda, y Gerardo se fue a trabajar obsesionado con la imagen de su mujer enferma. Ese día, algo se le rompió por dentro.

Sandra empezó a pedirle que le dedicara más tiempo, que la escuchara, que no olvidara las cosas que ella le contaba o que a veces le pedía. Él comenzó a sentirse demandado, exigido y hasta explotado por su mujer.

El desastre sobrevino cuando ella habló de ser mamá. Tenía 38 años y decidió que quería ser madre antes de llegar a los 40. Gerardo se negó rotundamente, no estaba dispuesto a cambiar su estilo de vida por tener un hijo, no se imaginaba cuidando de nadie más, y solo de pensar que Sandra dividiera su amor y atención con un bebé, se ponía de malas.

La historia con Carla se repitió casi exactamente con Sandra. Gerardo terminó yéndose de la casa cuando Sandra le exigió que dejara de llegar a las seis de la mañana y que trataran de rescatar la relación. En ese momento, Gerardo pensó que todas las mujeres estaban locas; que nunca más volvería a casarse. Y se volvió a divorciar después de escasos tres años de relación.

Estuvo *solo* durante unos meses, saliendo con sus amigos, bebiendo mucho, dedicándose al trabajo y teniendo aventuras con algunas amigas. Pensó que así estaba contento, que ese era el tipo de vida que quería.

Hasta que apareció Paulina, 15 años más joven que él, arquitecta y muy bella. No pudo evitar enamorarla y pedirle matrimonio a los cuatro meses de estar saliendo. Ella aceptó feliz, aunque su familia y sus amigos le preguntaron si no le daba miedo casarse con un hombre dos veces divorciado. Paulina les contestó que al contrario, que la tercera era la vencida y que Gerardo ya era un hombre maduro, con experiencia, que sabía qué errores no quería cometer con ella.

Otra gran boda, otra gran luna de miel y seis meses de enamoramiento. Después, el desierto y el aburrimiento se apoderaron de Gerardo nuevamente, pero esta vez algo cambió la ecuación: Paulina estaba esperando un bebé. Durante los primeros cinco meses del embarazo, Gerardo no le dirigió la palabra, le había dicho claramente que no quería hijos, y ella de todas maneras se había embarazado, así que debía entender que él no estaba feliz con la idea de ser papá.

La inminente llegada de su hijo llevó a Gerardo a terapia. Era la primera vez en sus 48 años que no podía escapar sin mirar atrás. Estaba muy asustado; iba a ser padre y tendría que quedarse con Paulina por lo menos un tiempo. En su proceso terapéutico, Gerardo ha empezado a entender algunas cosas sobre su historia, sobre la mala relación con su madre, sobre el odio y la envidia inconsciente que ha sentido hacia las mujeres a lo largo de su vida, sobre su vacío interno que parece no llenarse con nada, quitándole el brillo a cualquier mujer que lo quiera. Incapaz de estabilidad afectiva, Gerardo intenta reparar los abandonos y rechazos de su infancia, se esfuerza por estar con Paulina, quererla a pesar de sus defectos y ser alguien menos egoísta para cuando su hijo nazca.

¿Hay esperanza para los narcisistas?

Sí que la hay, aunque el camino de la transformación no es tan fácil ni tan breve. Tal y como se planteó anteriormente, las parejas entran en juegos inconscientes muy peligrosos, en los que ambos son responsables de la calidad de la relación. El narcisista no es el malo de la pareja.

Kaslow y Lachkar, en diferentes publicaciones, sostienen que para que una pareja se salve de la ruptura, ambos deben estar dispuestos a cambiar; cada uno debe comprometerse a mejorar la relación. Es necesaria la motivación, compartir algunos valores y creencias, aprender a aceptar y a negociar las diferencias de personalidad. La terapia individual puede disminuir los síntomas de los trastornos de personalidad narcisista, y la terapia de pareja puede ser muy útil para que cada uno se sienta comprendido y escuchado, también para que se hagan responsables de la parte que les corresponde en la construcción o destrucción de la relación. La empatía con el terapeuta puede ayudar a que se forme un equipo que trabaje para concientizar los problemas y buscar posibles soluciones.

SECRETOS

Analiza cuáles de las siguientes características tienes más marcadas:

- *Necesidad de autoridad*
- *Sentimiento de autosuficiencia*
- *Sentimiento de superioridad*
- *Grado de exhibicionismo*
- *Tendencia a ser explotador*
- *Grado de vanidad*
- *Sentimiento de merecerlo todo*

(Del *Inventario de la personalidad narcisista*, Raskin y Terry, 1988.)

•

Intenta observarte. Si crees que tienes un problema de narcisismo, busca ayuda profesional.

•

Recuerda que cuando te involucras varias veces con el mismo patrón de relación, es muy probable que no te estés dando cuenta de que siempre eliges pareja por las mismas razones.

•

Buscar la admiración y recibir todo lo que te mereces no es una actitud amorosa si es rígida. También debes estar dispuesto a admirar y a dar a tu pareja todo eso que pides para ti.

INFORMACIÓN INTERESANTE

- En el blog Chicago Now, Jesse Gault propone en su entrada *Narcisismo en la ciudad* seis causas por las cuales los trastornos de personalidad están al alza, particularmente el trastorno narcisista:

    1. Inestabilidad en la primera infancia.
    2. Disminución del tejido social.
    3. Pérdida de modelos de conducta.
    4. El individualismo como valor máximo de la sociedad.
    5. El egoísmo, que se considera sano y un valor primordial (La persona como centro del mundo).
    6. Mayor apertura a la queja como estilo de comunicación. Una generación de quejosos que han perdido la idea de esfuerzo y que creen merecerlo todo.

- Según una investigación realizada por Christopher Carpenter llamada *Narcissism on Facebook: Self-Promotional and Anti-Social Behavior* (Narcisismo en Facebook: autopromoción y conducta antisocial), aquellos que tienen más amigos en Facebook suelen publicar sus cosas con mayor regularidad y tienden a exhibirse más, tienen perfiles de personalidad narcisista y, en algunos casos, trastorno antisocial de la conducta.

- Recomendaciones bibliográficas:

    - *Travesuras de la niña mala,* Mario Vargas Llosa, 2006
    - *Minotauromaquia,* Tita Valencia, 1976
    - *África mía* (Out of Africa), Isaac Dinesen, 1937
    - *Requiem Aeternam,* José Cohen, 2009

- Recomendaciones cinematográficas:

    - *Relaciones peligrosas* (Dangerous Liaisons) Stephen Frears, 1988
    - *Las mejores intenciones* (Den Goda Viljan), Bille August, 1992
    - *Belleza americana* (American Beauty), Sam Mendes, 1999
    - *Deseos culpables* (Shame), Steve McQueen, 2011

5 • Celos. Cuando la relación se vuelve un infierno

Los celos son, de todas las enfermedades del espíritu,
aquella a la cual más cosas sirven de alimento
y ninguna de remedio.
—MICHEL DE MONTAIGNE

Enrique y Carmen

Enrique tiene apenas 27 años y ya es un celoso profesional que casi todo el tiempo cela a Carmen, su novia desde hace cuatro años. Han tenido muchísimas peleas porque él siempre desconfía de ella, de todo lo que hace, dice y piensa. Cree que por ser pareja de Carmen tiene derecho de controlarla, por ejemplo, pidiéndole que cambie su forma de vestir cuando le disgusta la falda muy corta o el escote muy pronunciado de su novia, quien en realidad viste discretamente pese a la opinión de Enrique.

También cree que tiene derecho de darle permiso o prohibirle a qué lugares puede ir, y no le gusta que salga sin él. Enrique está convencido de que las mujeres solas son una invitación a las faltas de respeto, piensa que una mujer decente no debe andar sin la compañía de un hombre en ciertos lugares y a ciertas horas.

A veces Carmen y Enrique salen a cenar o a bailar. En numerosas ocasiones, la noche termina en drama cuando Enrique sospecha que Carmen mira a otro hombre; le pregunta a quién ve, y ella siempre se sorprende porque, conociéndolo, ha aprendido a tener cuidado de no voltear a ninguna parte y concentrar toda su atención en él. Pero no hay forma de que Enrique esté tranquilo, siempre terminan yéndose de los lugares, él furioso y ella llorando. Después le pide perdón y Carmen vuelve a confiar en que él hará un esfuerzo por no violentarla nuevamente. Porque los celos de Enrique son un acto de violencia contra Carmen, en el que se refleja una profunda inseguridad en sí mismo, respecto a su valor y sus cualidades, pero también una devaluación de la capacidad de Carmen para ser una pareja honesta y leal.

Cuando los celos se apoderan de él, se vuelve hiriente verbalmente y a Carmen le da mucho miedo porque tiende a conducir de manera peligrosa al enojarse con ella.

En su terapia, Enrique cuenta exclusivamente los incidentes que vive con Carmen y asegura que ella provoca su inseguridad. Explica con detalle milimétrico las escenas que prueban que él tiene razón, pero termina dándose cuenta de que hay algo dentro de él que no está funcionando correctamente, y en ocasiones reconoce que su mente le juega trampas. Ha comenzado a reflexionar sobre las posibles causas de su conducta.

Lo primero que ha surgido es el entorno de dependencia que vivió con su madre, con quien tuvo una relación de sobreprotección y de quien siempre estaba atemorizado. Enrique no se atrevía a hacer travesuras ni a llegar tarde a su casa para evitar el enojo de la madre. Siendo ya un adolescente, seguía evitando tener vida social porque su mamá no quería que tuviera amigos y mucho menos una novia. Siempre se sentía vigilado y cualquier falta o error era interpretado como desamor. Enrique pudo liberarse de esa estricta vigilancia hasta la adolescencia tardía. Su madre murió cuando él tenía 22 años, y fue entonces cuando pudo empezar a tener una vida independiente y un poco más de libertad para salir y relacionarse con amigos y amigas. Tuvo una entrada tardía a la adolescencia y su capacidad de autonomía se vio detenida durante mucho tiempo. Ser el menor de una familia numerosa tampoco le ayudó a sentirse seguro, sino siempre en desventaja por edad, experiencia y por su carácter introvertido.

Hoy, con Carmen, se detona en el interior de Enrique una conducta aprendida que lo convierte en la madre vigilante y celosa. Enrique controla a Carmen como él era controlado por la madre. La posible interpretación sería una venganza inconsciente y una defensa para no ser controlado por las mujeres, representadas por Carmen. Parece que Enrique le manda un mensaje a su madre en la persona de Carmen, a quien le dice con sus celos: *Prefiero controlarte a ser controlado.*

¿Qué son los celos?

Los celos son una emoción destructiva, detonada por el temor a perder real o imaginariamente a la persona amada. El infierno más temido es que nos cambien por alguien más, y a quien siempre imaginamos mejor que nosotros.

Dice Rafael Manrique, psiquiatra español, que los celos son la patología de la certidumbre, porque el celoso busca certezas sobre el amor de su pareja y sobre el mundo en general. No tolera pensar siquiera en la posibilidad de que la relación pueda terminar, y no puede entender que a quien ama tenga un mundo íntimo que le sea inaccesible; quien siente celos es incapaz de aceptar que su pareja sea libre para pensar, decir y hacer lo que elija. Siempre hay una apelación a lo que es *correcto* y el celoso la usa para justificar su conducta persecutoria. Al que persigue no es de fiar, es casi un tonto a quien hay que reeducar y enseñar el camino del bien.

Los excesivamente románticos, los muy enamorados de sus creencias, los radicales de pensamiento, con frecuencia son celosos en su forma de relacionarse amorosamente.

En *La llama doble* (1993), Octavio Paz afirma que el amor es sufrimiento porque el sentimiento de poseer a quien se ama es fugaz y siempre termina en una sensación de carencia.

El amor humano es limitado, finito, errático, emocionante, triste, ilusión y desilusión.

Estas contradicciones propias de los vínculos humanos son rechazadas por el celoso, que en su obsesión solo es capaz de concebir un amor íntegro, inmaculado, bueno y verdadero. La decepción no se hace esperar porque no hay amor que pueda ser así siempre y en todo momento.

Quien siente celos vive en un infierno de dudas, todo le parece sospechoso, todo es una conspiración que terminará dejándolo solo y sin amor. Los celos, además de ser la patología de la certidumbre, son el terror a la soledad. Quien cela es quien teme quedarse solo y sin amor, y es quien ha depositado todos los huevos en una sola canasta, quien ha entregado todas sus ilusiones a una única causa que es la persona amada. Cualquier fisura en su ilusión es vivida con temor al abandono, temor a la soledad, temor a que nadie más le ame como la persona que ha elegido «para siempre».

Causas de los celos

Los celos también son un síntoma cuyo origen puede ser variable:

1. Los obsesivos y perfeccionistas pueden ser celosos porque desean controlarlo todo y no confían en que su pareja pueda tomar buenas decisiones y manejar adecuadamente su libertad; quien se cree perfecto, piensa que sabe mejor que el otro lo que le conviene. Debajo de esta actitud hay devaluación y desdén hacia la pareja, a quien se considera infantil, imprudente, desordenada y a quien debe reeducarse.

2. La autodevaluación: quien no se quiere o no se siente digno de amor, tenderá a sentirse inseguro de la pareja. Si no se gusta cuando se ve al espejo ni se cae bien, ni alcanza a ver sus cualidades, difícilmente podrá creer que la otra persona

esté con él/ella por amor. La falta de autoaceptación produce inseguridades que en la relación se convierten en celos.

3. Circunstancias específicas por conductas que detonan inseguridad en la pareja; por ejemplo, cuando alguien mintió y reconoce haber tenido algún tipo de relación amorosa o sexual con otra persona o ha traicionado el pacto de la pareja en alguna forma grave. Es como abrir la Caja de Pandora, porque un problema que no se tenía antes, ahora se vuelve central en la vida de la pareja. A veces es muy difícil reconstruir la confianza, y los celos terminan por desgastar y aniquilar la relación.

4. Discursos culturales: también se cela cuando se tiene una educación sexista basada en algunas de las siguientes creencias, las cuales ayudan muy poco a tener una relación de confianza:
   - Los hombres son infieles por naturaleza.
   - Cuando el hombre no toma iniciativas sexuales con su pareja es señal de que tiene otra relación.
   - Cuando la mujer no quiere tener relaciones sexuales es porque está pensando en otra persona.
   - La mujer decente no sale sin su pareja.
   - No existe la amistad entre hombres y mujeres; los amigos siempre tienen otras intenciones con la pareja.
   - Si la mujer o el hombre empiezan a cuidar un poco más de su apariencia, es señal de que alguien más les interesa.

5. Cuando se tiene un apego inseguro-ansioso, donde el miedo al abandono se hace presente todo el tiempo, y los celos se viven como pérdida de control, el celoso no puede dejar de celar, a pesar de saber que hace sufrir a quien ama y a pesar de su propio sufrimiento.

En parejas donde uno o los dos son celosos, la vigilancia, la duda, la sospecha y la obsesión se convierten en una forma enfermiza de relación que los arrastra a ambos. El celoso rompe los límites de la privacidad, de la autonomía y del respeto por la libertad de su pareja, quien puede llegar a rebelarse, a amenazar con terminar la relación o, por el contrario, a aceptar el control tratando de entender los celos como señal de amor. La víctima de celos comienza a sentirse culpable hasta de lo que no ha hecho, se siente obligada a proveer a su pareja información detallada de su agenda, con horas, personas y lugares, so pretexto de darle la tranquilidad de que no hace nada malo. El juego de la persecución siempre es insuficiente, ya que mientras aporte más detalles, esté más localizable y más disposición tenga de satisfacer la inseguridad de la pareja, más se le exige.

Quien cela, toma cualquier omisión de detalles como una traición, y muchas veces siente que la existencia del otro en su vida le da sentido a la suya. Quien más necesita del otro, el más dependiente, es quien cela; y quien se deja celar también tiene un patrón de relación basado en la dependencia y la aceptación del control.

En las parejas se llegan a dar relaciones de perseguidor-perseguido que muchas veces son reflejo de las relaciones infantiles. Por ejemplo, cuando de niño se creció en un ambiente de poca apertura a la comunicación franca de los pensamientos y sentimientos y se ha tenido que utilizar la mentira o el silencio como únicas puertas para ejercer la libertad.

En consecuencia, la vida adulta puede caracterizarse por el silencio y la mentira frente a decisiones o desacuerdos en los que se juegue la libertad de cada persona. Quien no aprendió a ejercer su libertad, sentirá culpa por hacerlo.

Las historias de infidelidad en las familias de origen también pueden causar inseguridades en hombres y mujeres, quienes aprendieron que el engaño y la mentira son una constante o algo admisible entre los miembros de la familia. Hay mujeres que afirmarán que todos los hombres son iguales, y hombres que dirán que las mujeres no son de fiar.

Celos y cambios sociales

Hoy son muchos más los celosos activos que nunca antes, sobre todo porque las mujeres han dejado de estar bajo el control masculino, aunque sea de manera parcial, porque salen a trabajar, ganan dinero y son menos dependientes económicamente. Este cambio produce inseguridad en muchos hombres. Algunos, aparentemente liberales, siguen conservando valores ultraconservadores que ven en el hecho de que la mujer trabaje una amenaza para la estabilidad de la pareja y de la familia.

Un elemento novedoso en el tema de los celos y la pareja es el uso de redes sociales como medio para conectar con amigos, ex parejas, ex compañeros de escuela y nuevas personas. Muchos hombres y mujeres espían las cuentas de Facebook y de Twitter de sus parejas para saber con quién tienen contacto. La conexión virtual es vivida también como amenaza para la relación, se ha convertido en una nueva fuente de disgustos e inseguridades para quienes, ya de por sí, tenían tendencia a los celos.

Los sitios de ciberencuentro sexual y amoroso en internet son fuente de temores e inseguridades para algunas parejas. El consumo de pornografía despierta celos en mujeres y hombres que se sienten en desventaja cuando se comparan con la oferta de cuerpos perfectos y amantes incansables, que venden un mundo ficticio pero amenazante para los más inseguros de sí mismos y de la calidad de su relación.

Extraconyugalidad: espacios no sexuales fuera de la pareja

Numerosas parejas tienen pactos imposibles de cumplir que exigen de ambos dedicarse exclusivamente al cuidado de la relación, deteriorándose muchas veces la posibilidad de obtener gratificación en otros ambientes.

El tema de las amistades del sexo opuesto se convierte en territorio peligroso, y algunas parejas llegan al extremo de pedirse permiso entre sí para ver a sus amigos. En nuestra cultura, la extraconyugalidad solo es entendida como aventuras sexuales o emocionales extramaritales, con tintes amorosos. Sin embargo, la extraconyugalidad incluye también deporte, pasatiempos, amistades, causas humanitarias y todo tipo de actividades y relaciones importantes para la persona como ser autónomo. La individualidad no debería desdibujarse en nombre del amor, pues al aceptar relaciones de control se mata en gran medida aquello que nos enamoró de esa persona que, entre otras cosas, era su mundo de intereses y relaciones ajenas a la pareja. Tener una vida extraconyugal no sexual es un antídoto para el tedio y la rutina, natural en la convivencia intensa y cotidiana en pareja.

SECRETOS

Haz una lista de las cosas que te gustan de ti y te convierten en una persona digna de ser amada y deseada. Tenla en un lugar donde puedas verla para recordar por qué eres digno de amor.

•

Si eres celoso o celosa, lo primero es reconocerlo. Asumir la responsabilidad del problema te dará mayor autocontrol. Si solo culpas a tu pareja de no actuar confiablemente, será difícil entender lo que les pasa.

•

En la historia personal casi siempre se encuentran eventos que fracturan la seguridad y el amor propio. Trata de recordarlos porque es probable que el miedo que hoy tienes a que te dejen de amar venga del pasado y no tenga que ver exclusivamente con lo que vives con tu pareja.

INFORMACIÓN INTERESANTE

- La celotipia se basa en los celos compulsivos, los cuales se definen como aquellos que pueden llegar a causar problemas psicóticos y delirios. Es una enfermedad en la que la persona no se reconoce como enfermo. *Problemas psicóticos y delirios* quieren decir que se ha perdido contacto con la realidad, y ya no puede reconocerse lo que es producto de la mente y lo que realmente está pasando. Quien padece celotipia escucha y ve cosas; es una enfermedad psiquiátrica que corresponde a los trastornos delirantes de la personalidad, descritos en el DSM IV-R (*Manual diagnóstico y estadístico de los trastornos mentales*).

- Recomendaciones bibliográficas:

    - *Madame Bovary*, Gustave Flaubert, 1857
    - *Plegarias atendidas* (Answered Prayers),Truman Capote, 1987

- Recomendaciones cinematográficas:

    - *Celos*, Vicente Aranda, 1999
    - *Ojos bien cerrados* (Eyes Wide Shut), Stanley Kubrick, 1999
    - *Infiel* (Trolösa), Liv Ullmann, 2000

6 • Estereotipos masculinos y femeninos

1. NO, ES EXTREMADAMENTE DESORDENADA. 2. NO, ES GUITARRISTA EN UNA BANDA DE ROCK. 3. NO, ES ACTRIZ PORNOGRÁFICA Y LE ENCANTA SU CHAMBA. 4. NO, LE DAN MIEDO LAS MOTOS Y LE ENCANTA TEJER. 5. MULTIORGÁSMICA. 6. PELUQUERO. 7. SE ACABA DE SACAR LA LOTERÍA. 8. BAILARÍN. 9. DIRECTORA DE ESCUELA. ODIA LOS NIÑOS.

Ni de aquí ni de allá

Ángela es una hermosa chava de 32 años, diseñadora gráfica, soltera y corredora. Tiene todas las pilas del mundo, es alegre y publirrelacionista de nacimiento. Siempre fue la amiguera de la casa, la que hablaba hasta con las piedras, la que nunca tuvo pena de preguntar nada, de bailar enfrente de quien fuera y de organizar todas las fiestas, en su casa y en su escuela.

Desde muy joven ha sido una mujer autónoma económicamente, siempre le gustó tener su propio dinero. Su padre, que la adora, todo el tiempo la tentaba con viajes, regalos, y siempre le ofrecía que fuera estudiante eterna, que hiciera todas las maestrías y los doctorados que quisiera para que siguiera siendo su niña y él su mentor. Pero Ángela, aunque agradecía la generosidad, pronto entendió que era una trampa inconsciente del papá para hacer que se quedara más tiempo a su lado. El padre la quería más que a nadie, incluso más que a su propia esposa.

La madre de Ángela era depresiva y muy enfermiza, así que se autoexcluía de cualquier plan que implicara deporte o actividades físicas. Eso marcó una distancia con su marido, quien vio en Ángela a su alma gemela y la entrenó desde muy niña para correr, nadar, saltar, levantarse rápido si se caía, no llorar por *tonterías* y una serie de actitudes que su hija aprendió muy bien, y la volvieron mucho más afín al padre que a la madre.

Esta afinidad tuvo algunas consecuencias. Por ejemplo, que en la escuela las niñas la vieran como poco femenina porque le gustaba jugar futbol y no tanto sentarse a platicar o a dibujar. Los niños la aceptaban bien porque era como ellos, pero a veces la lastimaban por no ser tan fuerte ni tan ruda, entonces Ángela llegaba a sentir que no era ni de aquí ni de allá; ni suficientemente niña ni suficientemente niño.

Ángela creció fuera de las expectativas de su madre, mucho más tradicional en su visión del significado de ser mujer y muy distante de su hermana menor, quien era una niña delicada y frágil que cuidaba a sus bebés de juguete y le pedía que jugaran a ser mamás y a la comidita. Ángela cumplía todas y cada una de las expectativas del padre, representando, quizás, al hijo varón que no tuvo.

Hoy Ángela es una mujer independiente que vive sola y se mantiene desde hace muchos años. Le va muy bien profesionalmente y ha tenido que aprender a ser más femenina en su forma de arreglarse para ir a trabajar y asistir a las juntas con algunos clientes a los que tiene que *impresionar,* en palabras de su jefe. En el fondo, odia esta petición porque no tiene nada que ver con su capacidad laboral.

Todo marcha bien en su vida, a excepción del territorio amoroso, que le resulta de lo más complicado. A ella, que no se le complica nada, que todo resuelve, que es práctica por sobre todas las cosas, la mente se le vuelve un caos cuando de amores se trata. Muchos hombres que han querido tener una relación con ella la han criticado por ser *excesivamente independiente*; en incontables ocasiones le han dicho: *Es como si yo no te importara ni me necesitaras.*

Ángela nunca entendió a estos hombres que necesitaban ser necesitados, o que querían que les llamara para ayudarle a cambiar un fusible o una llanta. Le gustaba ser bien tratada, pero no tenía problema alguno en pagar su parte de la cuenta en un restaurante; hubo algunos prospectos de novio que se sintieron ofendidos por su independencia.

Como parte de su plan de vida, no tiene un interés particular en casarse ni en ser madre. Ve con entusiasmo la posibilidad de enamorarse, pero sola se siente muy a gusto. Le encanta reflexionar, pensar, dudar, escribir, correr, nadar y escuchar música. No sabe cómo se siente ese agujero del que cuentan sus amigos y amigas cuando no tienen pareja o cuando terminan una relación. Sin embargo, a veces reflexiona sobre su forma de ser y se da cuenta de que no extrañar nada y ser tan *hágalo usted misma* la han vuelto bastante solitaria, enviando inconscientemente el mensaje de *no necesito a nadie, conmigo me basta y me sobra.*

Estereotipos femeninos

La cultura patriarcal ha puesto a las mujeres en un lugar muy complicado, muy extraño y de mucha desventaja.

Desde Eva, quien fue la que ofreció el fruto prohibido a Adán, nos hemos convertido en las responsables de cuidar de los demás, las culpables de que los matrimonios fracasen o de que los hijos tengan un sinfín de patologías. Todo es culpa de las mujeres. Si nos tratan bien o mal, si nos faltan al respeto por la calle, si nos acosan, si nos abandonan, si nos aman, si nos respetan o si nos violentan, todo es culpa de nosotras. Esa es la creencia cultural.

Somos representadas como objetos de consumo por los publicistas, se nos considera fracasadas si seguimos solteras después de cierta edad, y no realizadas como personas si no queremos ser madres.

Hay mandatos muy claros en nuestra cultura sobre qué es una mujer valiosa y cómo debe comportarse.

Hace algunos años, una encuesta del periódico *Reforma* preguntó a un grupo de hombres profesionistas, en sus treinta, cuáles eran las cualidades que más admiraban en una mujer. Sorpresivamente, el mayor porcentaje respondió que la belleza y lo servicial. Hombres que se supone valorarían más la inteligencia o la laboriosidad, respondieron como quizás habría respondido la generación de sus padres.

La autonomía, la fortaleza o la valentía ni siquiera aparecieron en dicha encuesta como cualidades femeninas.

El último censo del INEGI (Instituto Nacional de Estadística y Geografía) en 2010 reveló que el porcentaje de mujeres entre 20 y 39 años, que son jefas de familia y participan económicamente en el hogar es de 49.7 por ciento.

A pesar de ser una sociedad en transición en la que cada vez más mujeres laboran para obtener una remuneración, las condiciones de equidad siguen siendo desventajosas. Muchas mujeres van a trabajar para ganar dinero, y regresan a casa para seguir con las labores domésticas, a veces sin ninguna colaboración de sus parejas. Ganan menos que los hombres y cuando llegan a puestos altos sienten mucho más culpa que los varones por no estar con sus hijos más tiempo.

Son cuestionadas por su círculo social que, con aparente admiración, les pregunta: *¿Pero cómo logras hacerlo todo?* Con una respuesta de descalificación implícita: *De seguro no puedes con todo, y algo te tiene que salir mal.*

En febrero de 2011, Tina Fey publicó en la revista *New Yorker* un artículo donde describía la vida de una mujer como la de una malabarista. Fey confesaba en el texto que dudaba seriamente de querer tener otro hijo solo para darle un hermanito a su hija de seis, y hablaba de la angustia de querer hacerlo todo y cumplir con todo.

La soledad tiene mal prestigio, sobre todo entre las mujeres, a quienes se educa aún hoy en la idea de que necesitan un hombre que las cuide y proteja. Las niñas crecen con un discurso de orfandad, entrenadas emocionalmente para verse a sí mismas como más vulnerables y más frágiles sin un hombre al lado.

Las actitudes hacia las mujeres, por lo menos en nuestro país, están muy lejos de ser respetuosas. Muchos hombres creen tener derecho de mirar los pechos o el trasero de cuanta mujer pase a su lado, sin reflexionar sobre lo agresiva que puede ser una mirada lasciva sin el consentimiento de la mujer. Los *piropos* rayan en el mal gusto y en el acoso verbal. En la Ciudad de México hay vagones especiales en el metro, metrobús y taxis rosas para uso exclusivo de mujeres y niñas, para protegerlas de las miradas, de las palabras y de las manos y los cuerpos de los hombres. Lamentable y retrógrada circunstancia, pero todavía vigente.

Las mujeres están en un proceso de redefinición sobre sus amplias posibilidades de realización y experimentan diversos conflictos internos, ya que aun siendo profesionistas, tienen expectativas inconscientes sobre ser rescatadas o sacadas de la desolación y de la nostalgia por un buen hombre que les resuelva la vida. Muchas mujeres fuertes en el trabajo son niñas fragilísimas en el manejo de su vida emocional.

Los estereotipos son reflejo de prácticas culturales, a veces inútiles o insatisfactorias, que tienen un peso importante en la conformación de la identidad femenina. Tales estereotipos son llevados al extremo, y parecen definir identidades aprobadas y reprobadas; qué conductas sí son aceptables en una mujer *decente* y cuáles no. Una mujer no debería admitir ser definida por un concepto impuesto desde la cultura dominante, porque hay muchas formas de ser mujer y muchos modelos de feminidad. La libertad de tener una personalidad original está por encima de cualquier expectativa social y cultural. La individualidad es un valor importante que permite a mujeres y hombres sentir que son ellos mismos y, en algunos aspectos, no se parecen a nadie. El mapa nunca es el territorio.

Hugo

Hugo es ingeniero civil no por elección propia, sino porque en su familia de origen es tradición que todos los primogénitos estudien ingeniería con objeto de incorporarse a trabajar en la constructora que el abuelo paterno fundó hace 50 años.

A Hugo nunca le agradaron las matemáticas ni el trabajo de la construcción. Desde niño tenía ganas de dedicarse a escribir, lo que más le gustaba era leer cuentos, y más tarde novelas y ensayos. Formaba parte de una familia de cinco: sus padres, sus dos hermanos mayores y él. En ésta, la única mujer era la madre, y siempre tendieron mucho más a la actividad y mucho menos a la reflexión. Su padre y sus hermanos eran fanáticos de jugar y ver futbol, y a veces se desesperaban de que Hugo no fuera tan activo físicamente como ellos. No entendían por qué se aislaba para leer libros aburridísimos, sobre todo su padre, que solo leía los diarios de vez en cuando. Hugo no se identificaba ni con el padre ni con los hermanos, para quienes la vida cambiaba de color si ganaban o perdían un partido; para él, era totalmente irrelevante. Lo que le apasionaba era la literatura universal, la poesía y escribir. Se identificaba mucho más con la madre, quien lo regañaba por preferir pasar el tiempo con ella, le decía que se fuera a hacer cosas de hombres; seguido lo corría de la cocina cuando quería ayudarla, aunque a veces lo aceptaba y le enseñó algunos de sus secretos culinarios.

A la madre le preocupaba que Hugo fuera a declararse homosexual en cualquier momento. Eso de leer, de disfrutar cocinar, de estar con ella y de su poca pasión por el futbol, la intranquilizaba.

Hugo no tenía nada en contra de la homosexualidad, simplemente le gustaban las mujeres y no los hombres, y también la literatura y la cocina. Tuvo muchas peleas con su padre que era autoritario y poco capaz de escuchar, hasta que Hugo terminó cediendo y aceptando estudiar ingeniería civil, la única carrera que el padre le pagaría.

Con frecuencia, ser ingeniero y no escritor lo hace sentir bastante infeliz; él sigue queriendo ser escritor en lo profundo de su alma, aunque ha dejado de decirlo.

Las mujeres con quienes ha salido, han tenido todo tipo de actitudes frente a la personalidad de Hugo, que es introvertido y tranquilo. Cuando ha tenido pareja, le gusta ayudarle en sus cosas, acompañarla, cocinarle, leer libros juntos. No tiene moto, ni va al gimnasio, ni es adorador del futbol. Raro es lo menos que le han dicho sus amigas y novias.

Raquel no. Ella fue la única que entendió y a la que le gustaba la forma de ser y los gustos de Hugo, pero fueron novios en la prepa y cuando entraron a la universidad perdieron cercanía.

Hugo acaba de cumplir 24 años y ya no quiere vivir con sus padres ni trabajar en la constructora. Siempre ha tenido la sensación de que no pertenece a ningún lugar, a veces se siente solo y deprimido porque ha tenido que dejar de lado su verdadera vocación para cumplir con el mandato familiar.

No quiere decepcionar a sus padres, pero a veces se asfixia viviendo una vida que no eligió por convicción.

Por ahora solo piensa en ahorrar para poder independizarse; sabe que tarde o temprano deberá haber una ruptura, y que el precio de llegar a ser quien quiere ser terminará por distanciarlo de su familia.

Estereotipos masculinos

Al igual que las mujeres, los hombres sufren la presión social para ajustarse a los patrones de conducta esperados por su cultura particular.

Se espera que la masculinidad esté caracterizada por la autoafirmación, la fuerza física, el gusto por los deportes y la nula expresión de sentimientos de vulnerabilidad.

Aunque es cada vez mayor el número de mujeres que trabajan fuera de la casa, se espera todavía que los hombres sean proveedores sólidos. Es por ello que muchos miden su valor dependiendo de cuánto dinero ganen y cuánto poder tengan en su vida laboral. En cuanto a la vida emocional, se les censura para que no lloren ni muestren tristeza, la expresión de enojo y hasta la violencia son sus manifestaciones más frecuentes. En México, según datos del INEGI, un tercio de los hogares vive violencia causada por el jefe de familia. Los hombres se ven continuamente envueltos en pleitos, problemas penales y recurren al suicidio violento (*Mujeres y hombres en México*, INEGI, 2011).

La cultura publicitaria los sigue mostrando como dominantes, agresivos, hipersexuales y temerosos del compromiso sentimental. Se les sigue educando para ser fuertes y valientes, y para que aprendan a pelear. Se ve mal a un niño que no se defiende a golpes y que no marca su territorio con groserías o insultos.

El mundo de los hombres es un mundo muy agresivo, donde la autoafirmación del carácter sigue dándose con conductas violentas. El machismo, aún culturalmente dominante, hace exaltar un solo modelo de masculinidad basado en el dominio y el control.

A partir de los cambios sociales en los patrones laborales y del control de la natalidad han surgido nuevas masculinidades frente a nuevas formas de ser mujer, nuevas organizaciones familiares y nuevas posibilidades para construir pareja.

El proyecto de los hombres buenos (goodmenproject.com) es uno de muchos espacios en la red donde pueden encontrarse testimonios de hombres que comparten sus historias de vida, y se rescata la multiplicidad de voces surgidas de las diferentes maneras de ser hombre. Historias sobre cómo viven los hombres un divorcio o el desempleo, el peso de las expectativas sociales y de incontables mujeres que esperan que ellos sean mucho más activos sexualmente y siempre deseosos. Muchos hombres expresan angustia y ansiedad sobre su desempeño sexual, pues les hace pensar que de ellos depende el goce de la mujer y el placer o la frustración en la relación, lo cual se convierte en su responsabilidad.

Se les ha estereotipado como infieles, limitando así la expresión de la individualidad. Hay muchas historias de muchachos tranquilos que fueron iniciados sexualmente con prostitutas por iniciativa del padre, tíos o abuelos. El mundo de las bandas callejeras, del narcotráfico, del boxeo, de las borracheras, son ejemplos tristes de estereotipos masculinos.

Los hombres tienen miedo de ser considerados femeninos por sus pares. Los peores insultos en todo el país son comparar a un hombre con una mujer, lo cual es devaluatorio para las mujeres y reflejo del temor que tienen los hombres de no cumplir con las expectativas de hombría impuestas por su cultura.

Equidad

La equidad es un concepto importante y debe diferenciarse de la igualdad. Hombres y mujeres somos iguales en tanto seres humanos, sujetos de derechos y responsabilidades. Iguales en dignidad y merecedores de ser respetados en nuestras libertades. La *equidad* tiene que ver con la igualdad de oportunidades para el desarrollo emocional, social y económico de hombres y mujeres.

En México, las mujeres ganan menos que los hombres en trabajos similares, exceptuando a las mujeres solteras y profesionistas, que prácticamente ganan lo mismo que los hombres (*Mujeres y hombres*, INEGI, 2011). La doble jornada que cubren las mujeres ha significado mayores problemas de salud emocional para ellas, que están estadísticamente más deprimidas que los hombres y menos felices con sus vidas. Las mujeres siguen cubriendo en forma mayoritaria las responsabilidades de crianza, administración del hogar y ahora se les suma la obligación de mantener económicamente a sus hijos, ante la ausencia del padre o ante la necesidad de que ambos trabajen para poder solventar los gastos de la familia.

México se encuentra en una suerte de transición cultural complicada. Las mujeres trabajan, pero en el fuero íntimo muchas siguen deseando que alguien las rescate emocionalmente o las mantenga financieramente. Muchas, aunque sean independientes, tienen muy metida la idea de que no tener pareja es una desventaja o es algo que las margina socialmente. La sociedad mexicana, en efecto, margina todavía a las mujeres solteras que deberían estar casadas, y también a las separadas y divorciadas. El predominio del modelo familiar sigue siendo una norma opresiva para muchos y muchas que quizá no quieren casarse ni tener hijos.

Sin embargo, cada vez vemos a más hombres que están a favor de la división del trabajo en el hogar, aunque ellos también están en transición y a veces sin entender muy bien cómo relacionarse con sus parejas. El modelo de pareja de la familia de origen sirve como modelo para la formación posterior de parejas. Las creencias y costumbres acerca de la pareja entre padres y abuelos resultan fuertemente contrastantes, se disparan de los modelos actuales en que los hombres cocinan, las mujeres trabajan para ganar dinero, los hombres lloran, las mujeres son prácticas y luchonas.

Es decir, el mundo actual tiende a una mayor defensa de las libertades y de la equidad entre hombres y mujeres, aunque a veces esto sea más un discurso políticamente correcto que una realidad. Los cambios culturales son mucho más lentos. Cambiar la forma de pensar de toda una generación sobre qué es ser hombre, qué es ser mujer, cómo se constituye o qué define a una buena pareja, implica mucho trabajo reflexivo, esfuerzos por no repetir patrones aprendidos, conservar las mejores prácticas para hacer pareja y deshacerse de todas las que no sirvan para edificar una relación amorosa.

SECRETOS

¿Con qué creencias creciste en tu casa, escuela, colonia, acerca de los hombres y las mujeres?

•

¿Viviste en una familia con marcadas diferencias en el trato entre hombres y mujeres?

•

¿Qué piensas de la equidad entre hombres y mujeres?

•

¿Crees que un hombre vale más por el dinero que gana o una mujer por lo bien que cocina?

•

¿Tus problemas de pareja qué tanto están relacionados con la contradicción entre los roles tradicionales masculinos y femeninos y tu realidad de pareja menos tradicional?

•

Si tienes hijos, ¿los educas en equidad o haces diferencias entre cosas de niños y cosas de niñas?

INFORMACIÓN INTERESANTE

- El Consejo Nacional para la Prevención de la Discriminación tiene diversas publicaciones con estudios interesantísimos sobre igualdad de género, discriminación y derechos humanos. Por ejemplo:
  - *Encuesta nacional sobre discriminación en México*
  - *El derecho fundamental a no ser discriminado por razón de sexo*
  - *Diez recomendaciones para el uso no sexista del lenguaje*

- *Discriminación contra las mujeres, una mirada desde las percepciones*

▸ *El proyecto de los hombres buenos (*The Good Men Project*)* es un sitio de internet en inglés muy interesante porque reúne a hombres y mujeres para hablar sobre masculinidad desde diferentes perspectivas. Es un sitio terapéutico, donde se reciben los escritos de la comunidad contando historias de sobrevivencia en el mundo masculino, tras divorcios, desempleo, recuperación de adicciones y muchas otras situaciones.

▸ Rafael Montesinos ha compilado ensayos de diversos investigadores de la UAM Iztapalapa en el libro *Nuevos perfiles de la masculinidad*, 2009.

▸ INEGI e Inmujeres tienen un archivo interesante de documentos sobre hombres y mujeres en México. Aunque los números estadísticos sean locales, las realidades que se plasman son bastante generales.

▸ Recomendaciones bibliográficas:

- *Cumbres borrascosas*, Emily Brontë, 1847
- *Soledad y desolación*, Marcela Lagarde, 2011
- *Filosofía, género y pensamiento crítico*, A. Pauleo, 2000
- *Sexo y filosofía*, Amelia Valcárcel, 1991

▸ Recomendaciones cinematográficas:

- *Él*, Luis Buñuel, 1956
- *Los lunes al sol*, Fernando León de Aranoa, 2002
- *Mulán*, Tony Bancroft y Barry Cook, 1998
- *Las mujeres perfectas* (The Stepford Wives), Frank Oz, 2004

7 • La separación y el divorcio

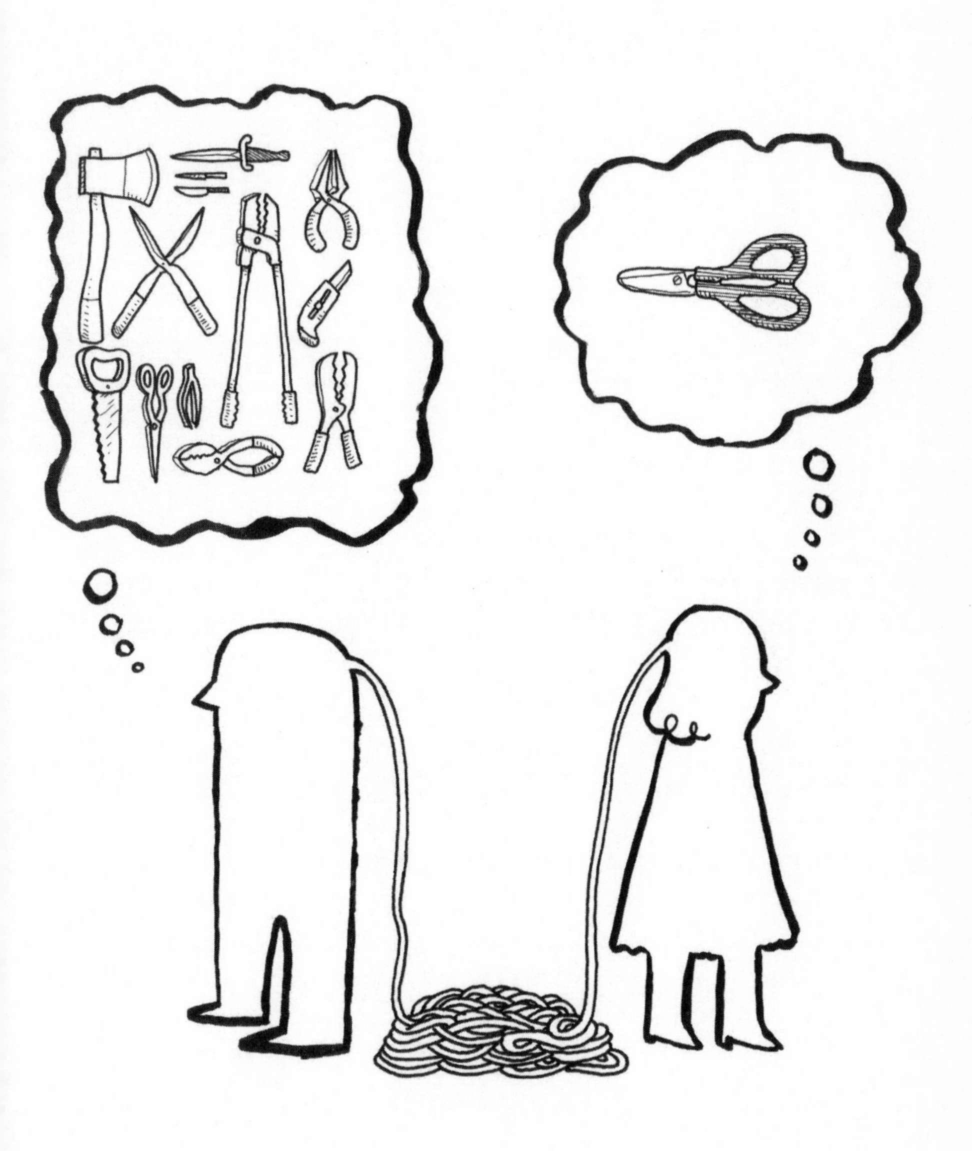

Ella

Amanece un lunes desolado. No quieres levantarte de la cama para ir a trabajar, no tienes ganas de bañarte, ni de desayunar ni de ver a nadie en la oficina. Estás tristísima y no puedes recordar si alguna vez te sentiste así antes. Seguramente no, porque aquellas rupturas fueron rápidas y fáciles de olvidar. Los novios de la prepa y tu único novio en tu etapa universitaria sirvieron para que aprendieras de qué se trataba tener novio, sexo, qué se sentía andar de la mano con alguien.

Esta vez era completamente diferente, él fue tu marido durante 15 años, tuvieron tres hijos, compartieron navidades, viajes y cumpleaños. Lo quisiste como a nadie, sobre todo durante los primeros años en que se convirtió en todo para ti: era tu amigo, confidente, amante, cómplice, hermano, padre, madre, primo... todo. Nunca te diste cuenta en aquel entonces, hace más de 10 años, que ponerlo en el centro de tu vida entrañaba un gran riesgo. Ni siquiera pensaste jamás que la relación pudiera terminar. Se habían encontrado para estar juntos siempre. Compartían gustos, intereses, conversaciones profundas, el amor por los libros, por las películas lentas, por la música en inglés.

Sexualmente nunca salieron chispas entre ustedes. Eso lo supiste desde la primera vez que estuviste con él, cuando fue más ternura que deseo lo que despertó en ti, pero ya habías vivido relaciones tórridas, breves romances donde hubo mucha pasión y poca intimidad, así que la asignatura *sexo espectacular* estaba cubierta suficientemente. Con Arturo te casaste para formar un hogar, una familia.

Ayer se llevó las últimas chamarras, los últimos zapatos, los últimos libros, los últimos abrazos de tres niños llorosos que no entendían por qué su papá no dormiría más en la casa. Tú te hiciste la fuerte y te evadiste del momento. *Primero muerta que llorar,* pensaste. Él te abandonaba porque después de 15 años no pudo más con la relación de socios y amigos que tenían, y porque tú habías caído en una profunda depresión tres años atrás. Nunca buscaste ayuda porque pensaste que tu desánimo pasaría y volverías a sentirte contenta con tu vida, pero no fue así. Cada vez te ausentabas más de la alegría, cada vez tenías menos ganas de abrazar a tus hijos. El sexo se te volvió una *chamba* más que sumarle al día. En las noches, solo querías dormirte porque tu cansancio era muchísimo. Sabías que lo que te pasaba se estaba saliendo de tu control, pero nunca pudiste reconocerlo frente a Arturo quien, después de muchos intentos desesperados por animarte a que vieras a un terapeuta, decidió hacer una vida paralela con los niños. Se los llevaba el fin de semana a la casa de los abuelos en Cuernavaca *—para que descanses—*, te decía. Tú te quedabas en la cama, en pijama, y no te levantabas hasta que ellos regresaban por la noche.

Ayer Arturo, después de tantas peleas, decidió que ya no podía seguirte cuidando. Incluso te ofreció que los niños vivieran con él porque tú no estabas bien emocionalmente. Hace semanas, cuando lo viste tan decidido, algo dentro de ti se movió. Como una película en cámara rápida, repasaste los 15 años de casados y te diste cuenta de que los últimos cuatro habían sido tristísimos. Te viste a ti misma malhumorada, frágil, con sobrepeso preocupante y chantajista con tus hijos, a quienes les recordabas todos los días que habías sacrificado tu libertad por cuidarlos. Y lo viste a él, intentando suplir tu ausencia con los niños y consigo mismo. Lo viste solo, dolido y decepcionado, y rompiste a llorar.

Las separaciones y el divorcio

Una de las experiencias más dolorosas para el hombre
–quizá la más dolorosa– es la separación definitiva
de aquellos a quienes ama.
—IGOR CARUSO, *La separación de los amantes,* 1968

Las mejores relaciones son aquellas que estamos dispuestos a terminar si dejan de ser amorosas. Saber que las cosas duran mientras las cuidemos es un antídoto poderoso para combatir la tendencia a instalarse en la zona de comodidad, de una relación que sentimos segura y por la que muchas veces dejamos de trabajar. Las mejores parejas son las que están dispuestas a divorciarse, dicen John y Linda Friel en su libro *The 7 Best Things Happy Couples Do,* 2002 (Las 7 mejores cosas que hacen las parejas felices).

Entiendo esta afirmación, en el sentido de que todo lo que demos por hecho en nuestra vida terminará perdiendo vitalidad y esplendor. La vieja idea de *Hasta que la muerte nos separe* probó su eficacia para hacer perdurar matrimonios de forma pero no de fondo, y fue la creencia popular cuando la esperanza de vida era de 40 años menos que en la actualidad. Y aún vemos matrimonios o relaciones en las que uno se queda por conveniencia, por las expectativas sociales, por miedo al juicio de los otros, por razones religiosas que siguen reprobando que una pareja que solía amarse decida no seguir junta.

Una relación larga no habla necesariamente de una relación estable y amorosa. A veces la consigna única es quedarse, al precio que sea; muchas mujeres y hombres se acostumbran a fantasear con la idea de separarse, pero nunca toman la decisión.

En este contexto, la viudez suele ser menos compleja de procesar para quien enviuda. La muerte es algo que puede pasarle a cualquiera, por lo que la reacción de la gente cercana es de empatía, comprensión, deseos de acompañar, de consolar, de estar para lo que se necesite.

Estos mismos deseos despiertan con mucho menos frecuencia cuando alguien se separa o se divorcia. La pérdida de la identidad que se construyó después de años en una relación también es vivida como una muerte por quienes se separan. Es la muerte simbólica del otro en nuestro interior. La separación física no acaba inmediatamente con un vínculo, y es necesario que pase un tiempo, vivir procesos dolorosos, periodos caóticos que siguen a la separación y en los que las personas parecen haber perdido la razón. La *locura* de quien decide separarse podría merecernos también la misma empatía, preocupación y deseos de acompañar que despiertan la viuda o el viudo.

Repartiendo la responsabilidad

Cuando hablamos de separaciones y divorcios, pensamos automáticamente en víctimas y victimarios. Quizá tengamos en el inconsciente la idea de inocentes y culpables, debido a una comprensión rígida del mundo de las relaciones amorosas. A la persona que decide irse, con frecuencia se le percibe como la parte culpable, sobre todo y con mucho mayor juicio negativo cuando tiene o ha tenido una relación amorosa extraconyugal o extra pareja.

A veces, la *víctima abandonada y rechazada* puede ser en realidad quien ha *provocado* la separación con violencia, adicciones, disfunciones sexuales, neurosis, faltas de respeto, ausencias emocionales y físicas extremas, maltrato psicológico o una amplia variedad de otras causas.

Entendiendo a la pareja como un sistema formado por dos personas, la responsabilidad de la separación es de ambos. Los dos son corresponsables, sin embargo, las reacciones emocionales son muy diferentes.

Una clasificación simple separa a los sobrevivientes de las separaciones de quienes se desmoronan y casi se desintegran de dolor.

Los sobrevivientes cargan con el karma o juicio social que considera que no sufrieron lo que deberían, y que si ellos tomaron la decisión es porque no les duele separarse. La culpa por tomar la decisión de apartarse de una relación puede ser arrastrada a futuras relaciones.

Las víctimas que se desmoronan son incapaces de dormir, de comer y de concentrarse. Lloran y se lamentan, se deprimen, pueden llegar a bajar dramáticamente su rendimiento laboral y son los que buscan ayuda profesional para procesar el dolor de la pérdida.

En algunas investigaciones se ha encontrado que los hombres maduros, estables financieramente y con poca tendencia a la dependencia, son quienes mejor se recuperan de una separación.

A pesar de las muchas transformaciones sociales y culturales, que han cambiado significativamente la comprensión de la vida en pareja y la identidad masculina y femenina, se sigue viendo como más deseable a un hombre divorciado que a una mujer divorciada. El estigma del divorcio sigue pesando más sobre las mujeres que sobre los hombres.

En general, las mujeres sufren más con las separaciones o por lo menos lo expresan más visiblemente con estados emocionales de tristeza.

Los hombres se ven más afectados en temas operativos, como aprender a organizar una casa, cocinar, y si han sido los proveedores principales de la pareja, deben reorganizarse financieramente para pagar los gastos de dos casas.

Las mujeres más educadas se adaptan mejor a la separación. Para ellas, es central quién tomó la decisión, ya que en términos generales somos más dependientes emocionalmente. El peso del rechazo suele obsesionar a muchas, que no entienden por qué las dejaron de amar. Si ellas decidieron la separación, es mayor la fuerza con que enfrentan la nueva realidad. Las mujeres que se han dedicado prioritariamente a su rol de esposas y madres encuentran mucho más dificultad para aceptar y adaptarse a la separación.

Estas realidades se han modificado con el paso del tiempo. Existen muchos hogares mantenidos económicamente por mujeres, hombres que administran la casa, parejas igualitarias en las que se da una repartición equitativa de las responsabilidades, y parejas tradicionales. El peso de una separación, además de ser afectivo por el final del vínculo amoroso, es social, cultural, familiar y afecta todas las esferas de la vida de la pareja que decide separarse, ya que implica una reorganización de la identidad, de la vida cotidiana con sus costumbres arraigadas, de la vida financiera, además de ser un duelo por todos los sueños, planes y proyectos que se tenían como pareja y que ahora no existen más.

Si hay hijos involucrados, ellos resienten el impacto del cambio de organización familiar, viviéndolo como un duelo muy importante que marca un antes y un después del divorcio o la separación. Pocas son las parejas que se separan en buenos términos, lo más frecuente es encontrar odios, rencores, cuentas pendientes, deseos de venganza. Los hijos suelen estar en medio de un campo de batalla, fragmentados por la lucha interna de lealtades. Muchos sienten la obligación moral de aliarse con uno de los padres, generalmente al que sienten más débil, aunque también pueden inclinarse por apoyar a quien tiene más poder económico, como estrategia de supervivencia material. Los hijos del divorcio deben elaborar la ruptura de sus padres, entender cómo cambian sus ideas sobre la pareja, sobre el amor y ser conscientes de los miedos al fracaso que podrían transferirse a sus propias vidas amorosas a partir del fracaso de sus padres.

Separarse es un fracaso, por más que queramos endulzar la explicación y verlo como una experiencia de aprendizaje, que sí lo es, también es una grieta afectiva, un descalabro emocional que necesita proceso, tiempo, lágrimas y, muchas veces, ayuda profesional.

El desamor

El proceso de desamor
es como el del amor, lento.
— RAFAEL MANRIQUE, *Sexo, erotismo y amor,* 1996

El desamor es una posibilidad del amor. Aceptar que la relación amorosa se desgasta puede ser un antídoto para la decepción y puede permitirle a la pareja saber que la lucha por la relación debe ser cotidiana y permanente.

Con frecuencia, la falta de amor llega de golpe a la conciencia. Aunque la erosión amorosa venga ocurriendo a lo largo del tiempo, se hace presente al parecer de manera repentina como desinterés, rencor, aburrimiento, falta de deseo, falta de ganas de estar con el otro, ganas de enamorarse de alguien más, hartazgo, asfixia, deseos de pasar más tiempo en soledad y menos en compañía, deseos de cultivar más lo individual y menos a la pareja, ganas de quedarse en la oficina para no llegar a la casa o desinterés de salir con la pareja si no es acompañados por los hijos, otros familiares o amigos.

Hay una serie de acciones, decisiones u omisiones que abonan al desamor. Aunque cada pareja es un universo particular, con sus reglas propias y con un contrato de convivencia específico, hay algunas señales que presentan típicamente las parejas que están viviendo un distanciamiento significativo que merece ser reconocido, reflexionado y modificado si la pareja quiere seguir adelante, no solo por el miedo a romper la relación, sino con intención de redefinir, renegociar y actualizar la relación.

Recetas para el desamor:

- Tratar de despojar a la pareja de sus características distintivas, por las que nos enamoramos y que ahora, con el paso del tiempo y el desgaste de la rutina, nos cansan. Por ejemplo, la locuacidad de Brenda y su carácter extrovertido enamoraron a Bernardo, hombre tímido y muy cauteloso. Después de 10 años, Bernardo le pide a Brenda que hable menos, que hable en decibeles más bajos, que no lo deje solo en las reuniones para ir a platicar con todos, que sea más callada y entienda que a él le gusta encontrarla en la casa cuando llega de trabajar.

- Dejar de resolver las controversias, debido al intento fallido de evitar las discusiones. Las parejas que no enfrentan sus diferencias de opinión en temas relevantes (dinero, sexo, deseos de ser padres o no, educación de los hijos, relaciones con la familia política, con los amigos, consumo de alcohol y otras drogas...) tarde o temprano llegarán a un callejón sin salida donde se darán un frentazo con todo lo que no han hablado ni negociado. Tarde o temprano, las diferencias que se queden sin hablar comenzarán a actuar en formas inconscientes y a veces con un estilo vengativo de comunicación, cuando la pareja se ha sentido traicionada en sus necesidades, o poco respaldada o escuchada en sus deseos. El mal sexo, la suegra metiche, la mamitis o papitis, los amigos borrachos, la tendencia a endeudarse, las salidas clandestinas con ex parejas, la filosofía sobre la educación de los hijos, las borracheras de los jueves, son algunos de los temas que, de no hablarse, construyen murallas de incomunicación y frustración entre las parejas.

- Maltrato, que tiene diversas caras, algunas muy obvias y otras mucho más subterráneas. Las faltas de respeto hacia la forma de pensar de la pareja o hacia sus sentimientos, la descalificación respecto de la inteligencia o atractivo físico, las críticas a la apariencia del otro, los gritos, utilizar información confidencial para atacar al otro como si fuera un enemigo, la falta de delicadeza en el trato cotidiano, la rudeza innecesaria que seríamos incapaces de mostrar con desconocidos y que sí nos permitimos con nuestra pareja porque somos de confianza, rompiendo las normas más elementales de respeto por la dignidad de quien decimos amar. Por ejemplo: Claudia siempre está quejándose del desempeño sexual de Adrián, a menudo le dice que tuvo otros novios que le hicieron sentir mucho más y sabían mejor cómo acariciarla. A veces, cuando él está cansado, le reclama su falta de energía, le dice que se está haciendo viejo y seguramente no podrá seguirle el paso. Cuando Adrián se enoja, le dice a Claudia que es una loca igual que su madre, se queja de que tiene los senos muy pequeños y que eso le hace desearla menos, y algunas veces en reuniones familiares exhibe a Claudia, burlándose de sus nulas capacidades para cocinar. A pesar de todo, Adrián y Claudia parecen ser una buena pareja que se lleva pesadito, en opinión de sus amigos. En realidad, han roto los límites del mutuo respeto y se han acostumbrado al trato rudo, a la burla y a la descalificación.

Aprender a despedirse es un arte

Muchas prácticas espirituales hablan del desapego como la distancia sana que debemos guardar hacia todo lo que nos importa y amamos. Desapego por las personas, por las cosas, por los planes a futuro, por el prestigio y por el poder. Desapego no es indiferencia, conformismo o falta de amor; es amar intensamente, profundamente, sabiendo que todo es susceptible de terminar; aceptar y entender la verdad de la finitud de la vida, sin amargarnos, sabiendo que nada es para siempre.

El desapego nos permite amar libremente, amando primero la libertad del otro y después el amor que nos tenemos. Amar con prudencia, con mesura, no locamente, perdiendo nuestra identidad o nuestro delicado balance vital en nombre del amor.

Despedirse es una habilidad que nadie nos enseña. Las experiencias de vida nos muestran a punta de frentazos que a veces las cosas salen mal, que la gente nos deja de amar, que el otro nos decepciona o que nosotros somos una decepción para el otro, que el amor es finito, que la muerte llega cuando menos la esperamos, que la salud dura hasta que llega la enfermedad y que nada, absolutamente nada, está garantizado.

Vivir despidiéndonos nos permite seguir avanzando en el camino sin quedar detenidos en el pasado. Pasamos mucho tiempo e invertimos muchísima energía en añorar lo que terminó, lo que se frustró, el gran amor de nuestra vida que por las circunstancias no pudo ser. Somos susceptibles a la nostalgia de lo perdido, a vivir en el pasado para que nuestra existencia tenga más dosis de drama.

Si viviéramos el presente y lográramos despedirnos de todo lo que termina, andaríamos más ligeros por la vida, y tal vez nos aburriríamos al vivir solamente en el momento presente, pero quizá también tendríamos mucha más paz.

Arrastrar con nosotros a todos los personajes de nuestra historia es distinto que acompañarnos de ellos, de las experiencias aprendidas juntos, del amor que compartimos, de lo mucho que aprendimos al relacionarnos. Despedirse no es olvidar todo lo que ya no es o tirarlo a la basura, es existir pacíficamente en el presente.

Separarse es una experiencia dolorosa. Decir adiós a lo entrañable nos hace sentir solos y vulnerables. Despedirnos de lo que nos hace daño parecería fácil, pero a veces es mucho más difícil. Mientras más drama, más hilos invisibles enredados, vueltos nudo, que nos atan al otro con quien hemos sufrido tanto.

Quizá deberíamos aprender a despedirnos diariamente de un día más de vida con una conciencia sutil de que amanecer un día más puede suceder o no.

Lo mismo con nuestra pareja. Despedirnos al final del día, de un día más de vida compartida, con una conciencia sutil de que mañana (exagerando) podríamos no amarnos más y con la convicción plena de que lo único que existe es este preciso momento que nos permite dar un paso a la vez, aligerar la mochila de preocupaciones y ansiedad, y que puede volvernos mejores para amar, sabiendo que cada minuto es un regalo.

SECRETOS

No olvides que la mejor forma de amar todo
es sabiendo que puede terminarse o desaparecer
en cualquier momento.

•

Si tienes mucha furia o estás muy triste, o en cualquier
otro estado emocional intenso, no tomes decisiones
sobre separación en ese momento. Separarse y/o
divorciarse es una decisión que debe pensarse
con la cabeza fría.

•

Recuerda que cuando hay hijos es prioritario protegerlos
de sufrimientos innecesarios, pleitos y gritos de pareja.
Separarse con dignidad debe ser un proceso de adultos,
sin involucrar a los hijos en las decisiones
que se van a tomar.

•

Si has decidido divorciarte, es muy recomendable buscar
un terapeuta o abogado experto en mediación.
Los divorcios y las separaciones pueden ser largas
y sangrientas batallas, si no se procesa el rencor
y la decepción hacia la pareja, desplazándose
al ámbito legal como una forma de venganza que da
lugar a procesos judiciales desgastantes financiera
y emocionalmente.

INFORMACIÓN INTERESANTE

- Según un informe de las Naciones Unidas, los países en desarrollo han triplicado la tasa de divorcio entre las mujeres de cinco a 15 por cada 100 mujeres, y de siete a 12 por cada 100 hombres.

- Según el informe, hombres y mujeres se mantienen solteros cada vez más tiempo. En los países desarrollados, en los noventa solamente 43% de los hombres y 62% de las mujeres entre 25 y 29 años habían estado casados alguna vez.

- Recomendaciones bibliográficas:

  - *La separación de los amantes*, Igor Caruso, 1968
  - *El último encuentro*, Sandor Marai, 2002
  - *Del amor y otros demonios*, Gabriel García Márquez, 1994
  - *El amante de la China del Norte*, Marguerite Duras, 1990
  - *El ruido de las cosas al caer*, Juan Gabriel Vázquez, 2011

- Recomendaciones cinematográficas:

  - *Deseando amar* (In the Mood for Love), Wong Kar Wai, 2000
  - *Solo un sueño* (Revolutionary Road), Sam Mendes, 2009
  - *21 gramos*, Alejandro González Iñárritu, 2003
  - *El secreto de sus ojos*, Juan José Campanella, 2009
  - *Kramer* vs. *Kramer*, Robert Benton, 1979
  - *Las horas* (The Hours), Stephen Daldry, 2002

8 • Los 9 secretos

PARA LOGRAR UNA RELACIÓN SUFICIENTEMENTE AMOROSA

COMUNICACIÓN FRANCA.

BUEN SEXO.

SOLIDARIDAD.

CONFIANZA.

MANEJO DE LAS DISTANCIAS.

CUIDADO DE LA AUTOESTIMA.

DISPUESTOS A SEPARARSE.

SENTIDO DEL HUMOR.

RITUALES DEL PERDÓN.

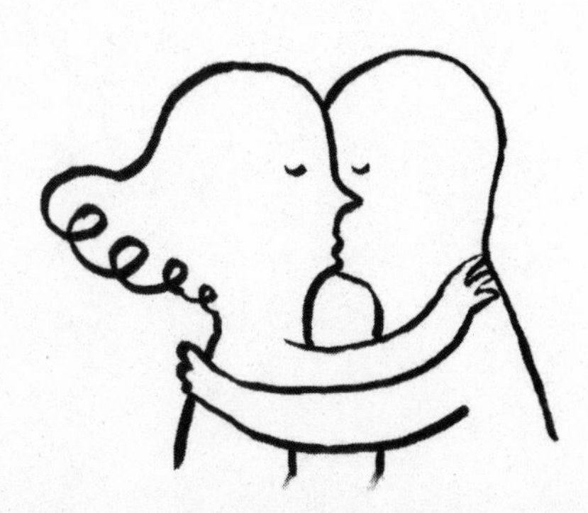

Testimonios

Llegar a una pequeñísima lista de secretos tiene su arte. Ha implicado muchos meses de reflexión y lectura. Numerosas conversaciones con amigos del alma, pacientes y desconocidos, incluso, quienes ante pregunta expresa de qué piensan que es lo más importante por considerar cuando queremos construir una relación amorosa y duradera, han contestado algo más o menos así:

S. 35 años, casada

La neta, la neta, que cada uno tenga una vida aparte de la relación, y puedan compartir partes de esa vida entre ellos. Que entiendan que tienen una vida en común, pero ninguno puede adueñarse de la vida del otro. Que cada uno tenga roles bien definidos en la relación y se respeten. Que entiendan que las circunstancias cambian todo el tiempo, que ellos también cambian, y deben aceptarse esos cambios con flexibilidad. Y aprender a negociar. Al final una relación es eso: ¡un negocio donde ambos tienen que ganar!

F. 34 años, soltera

Compaginar dos complejidades es complicado. Creo que la clave está en el equilibrio entre la individualidad y el compartir como pareja. Así como en los diagramas de Venn que nos enseñaban en la primaria, hay un territorio que es individual y otro que es compartido.

Cuando nos enamoramos es porque encontramos en la otra persona cosas que nos atraen y nos gustan. Desde el físico, actividades, gustos. Nos enamoramos de alguien con una vida en la que nosotros poco o nada tenemos que ver. Con el tiempo, empezamos a compartir momentos y experiencias, e historias conjuntas. A veces, sin querer, llega la maldición de olvidar que también debemos continuar escribiendo nuestro propio libro. Nos olvidamos de la persona que somos, olvidamos que la persona de la cual nos enamoramos también tiene derecho y es deseable que tenga una vida en la cual nosotros solo somos espectadores o, a lo mucho, actores de reparto.

Cuántas veces por amor, por costumbre o por obligación, dejamos de tener actividades con nuestras amigas, con nosotras mismas, con nuestras familias, en las que podemos desarrollar otros papeles que no sean el de pareja. Y reducimos nuestro libro a ser pareja.

Y está el otro extremo de esas parejas que parecen cuates, que solo comparten una casa, gastos, una cama, pero no la intimidad emocional ni sexual.

Soy fiel creyente de los diagramas de Venn: cada uno su mundo, pero también un mundo conjunto. Lo demás son palabras de poetas: amor, mariposas, el deseo de eternidad. Palabras que endulzan, pero que sin pilares prácticos poco o de nada sirven.

J. 35 años, casado

Se me ocurren palabras en orden, porque el orden en el amor importa:

Entrega
Paciencia
Prudencia
Esfuerzo constante

Temor al olvido
Balance
Destino
Rumbo y conciencia
Paralelismo
Visión de la mano
Mano con mano
Hombro con hombro
Lengua y sueño
Sueños
Ternura y transparencia
Trabajo
Trabajo
Trabajo

F. 58 años, casado

Solo pienso en un poema de Octavio Paz cuando pienso en ella: Nuestros cuerpos se vieron, se juntaron y se fueron... Nosotros nos fuimos con ellos.

Mi amor se sintetiza diciendo que quiero morir con ella. En términos de fidelidad, creo que sería mucho más doloroso perder a mi pareja por completo, que saberla infiel una vez y conservarla.

El amor maduro está, en este caso, por encima de algún acto infiel. Sobrevaloramos la fidelidad y subvaluamos la lealtad. Preferiría tenerla con dolor superable y acomodable con trabajo, que perderla por siempre.

Prefiero una pareja libre, asertiva y leal que una sometida, amordazada y fiel.

La pareja amorosa entiende las necesidades del otro, impulsa, respeta y apoya.

El amor como práctica para la libertad, y la libertad como práctica para el amor, es casi una relación simbiótica.

J. P. 33 años, casado

Para mí, el amor por ella comenzó cuando dejé de idealizarla y de idealizar la relación. Fuimos la pareja perfecta durante mucho tiempo hasta que la vida con sus tropiezos nos alcanzó y nos lastimó. Yo me he reconocido egoísta, autodestructivo y con asuntos no resueltos. A veces parezco un adolescente que quiere seguir echando desmadre y he reconocido que eso le lastima. Ella tiene su propia historia, y a veces es tan comprensiva y tan buena, que me ahorra a mí el trabajo de reflexionar, porque ella reflexiona por los dos.

La amo, pero no porque sea perfecta, sino porque poco a poco hemos aprendido a tolerar nuestros defectos y a construir una relación más real, menos ideal, que nos quita mucha presión de encima. Ser la pareja perfecta no es sostenible durante mucho tiempo.

M. 30 años, soltera

A mí me han roto el corazón muchas veces. Hace tres años terminé en el psiquiatra con una depresión horrible porque el chavo con el que andaba y de quien estaba muy enamorada me dejó de querer. Yo pensaba que tendríamos un hijo porque habíamos hablado muchas veces de planes juntos. Pero el amor se le terminó. Me di cuenta de que no pongo ningún límite cuando me enamoro. Que me entrego a la relación sin pensar en mí misma. Ahora me cuesta mucho trabajo confiar y creer en los hombres, pero sé que es algo que tengo que procesar y entender que cada historia es distinta. Tengo ganas de enamorarme y construir una relación con futuro. No tengo prisa. Estoy aprendiendo a quererme, a cuidarme y darme lo que necesito, antes de pensar en ir a entregarle mi vida a alguien más. Los descalabros me han servido para conocerme mejor.

C. 50 años, divorciada

Después de casada 20 años y dos hijos, mi vida de divorciada ha tenido de todo. He disfrutado mucho estar sola, pero también sufrí muchísimo cuando el padre de mis hijos dejó la casa. En estos años he tenido un par de relaciones importantes. Soy de esas que aman locamente hasta que dejan de amar. No me veo viviendo nuevamente con nadie, ni compartiendo mi vida familiar con alguien nuevo. Quiero una pareja de fin de semana. Para mí el amor es, sobre todo, respeto por la vida del otro. Pero tengo el mal tino de elegir hombres demandantes que quieren que los atienda como si estuviéramos casados en los años cincuenta. Por ahora no tengo pareja. Trabajo mucho, tengo muchas amigas con quienes compartir, mis hijos han crecido y disfruto mucho su compañía, y no me preocupa ni me apura encontrar el amor. Llegará cuando tenga que llegar.

M. 44 años, divorciada

Tengo muchas ganas de tener un novio que sea divorciado y tenga hijos como yo. He intentado y fracasado en el intento de relacionarme con hombres solteros más jóvenes que yo, que eventualmente hablan de tener hijos. Yo tengo dos y son más que suficientes. También he conocido hombres muy interesantes que se han enamorado de mí, y yo de ellos, pero que por su estilo de vida, o por la edad de sus hijos, o por muchas otras razones, no logramos encontrar un espacio en común.

Hoy creo mucho más en el amor solidario que en el amor apasionado. No es que la pasión sea poco importante, pero si no va acompañada de generosidad, solidaridad y comprensión no alcanza más que para prender fueguitos que rápido se apagan.

Estoy enamorada de mi trabajo. Mis hijos me mantienen súper ocupada y divertida, aunque a veces quiera mandarlos muy lejos para descansar un poco de tanto reto cotidiano. Soy una irremediable enamorada del amor. Sé que tarde o temprano encontraré a un hombre afable, generoso, que me quiera mucho porque tenga hijos y no a pesar de eso. La vida me ha regalado muchas cosas maravillosas. Mi divorcio me enseñó a ser independiente económica y emocionalmente. Veo lejísimos a la niña dependiente que alguna vez fui. Hoy soy una mujer plena, con ganas de amar.

O. 38 años, casado

Me casé porque era lo correcto. Tuve una juventud llena de excesos, novias y poco rumbo. Creo que fui una pesadilla para mis padres durante mucho tiempo. Hoy ya no queda casi nada de aquel chavo despreocupado y muchas veces inconsciente. Confieso que a veces extraño la intensidad de aquella época, pero, por otro lado, veo a mi mujer y a mis hijos como mi motivación para seguir adelante. A ratos me canso, me deprimo y me aburro. Creo que estoy en una relación que se sostiene porque somos buenos padres, porque nos queremos como hermanos y porque compartimos valores y visión de la vida. Nos hemos apoyado en muchos momentos difíciles. Jamás podría ser infiel, me parece de lo más impráctico. Creo que lo que tengo es el amor: una familia, una casa que siento como un verdadero hogar y estabilidad.

Los 9 secretos para lograr una relación suficientemente amorosa

SECRETO 1

COMUNICACIÓN FRANCA, DIRECTA, RESPETUOSA, INTERESANTE, ÍNTIMA

Si no puedes hablar de frente con tu pareja, algo anda mal. Las buenas parejas se caracterizan por ser capaces de conversar libremente, verse a los ojos, decir lo que piensan sin tener que cuidar demasiado (solo un poco) las palabras que utilizan. Cuando tienen que hablar con la pareja, charlan con la pareja y no utilizan a los hijos, si los tienen, como mensajeros. Cada asunto se trata con la persona indicada.

Las parejas que se aman, se comunican con respeto, no utilizan groserías para ofenderse, aunque estén muy enojados; con sus actitudes no verbales comunican interés y disposición a escuchar. Escuchan con atención lo que el otro necesita decirles. No evaden hablar, aunque se trate de temas difíciles, porque saben que si lo hacen a la larga será peor.

No le adivinan el pensamiento a la pareja usando frases como *lo que en realidad quisiste decir*, porque entienden que su comprensión del otro es limitada. Saben que solo el otro sabe bien lo que le pasa y lo que siente.

Las parejas suficientemente amorosas respetan las ideas y los pensamientos de la otra persona. Entienden que pueden tener opiniones diferentes sobre un tema y lo aceptan con madurez. No se acusan ni se reclaman. Saben expresar sus sentimientos, incluso los de tristeza y enojo, sin culpar al otro de la forma de hablarse. Saben que tienen que aprender a hablar y que la pareja no puede adivinar lo que piensan.

Los efectos principales de una comunicación franca y transparente son la confianza y sentirse en un lugar seguro, donde se es aceptado tal y como uno es. Una pareja que tiene que guardar demasiados secretos del otro para proteger su imagen no es libre para amar.

SECRETO 2

SEXO GRATIFICANTE

Las parejas con una buena relación tienen una buena vida sexual. Buena no es un adjetivo de cantidad, sino de calidad, porque más sexo no necesariamente quiere decir mejor sexo. A estas parejas les importa compartir una vida sexual interesante, libre, con actitud de respeto y de exploración por el mundo erótico de cada uno. Tienen disposición para aprender cuáles son las mejores prácticas para ambos, qué los excita, qué los apaga, cuál es el mapa erótico de cada quien.

Las parejas que se aman suficientemente saben que el buen sexo, además del componente de atracción química, requiere trabajo y paciencia. La vida sexual no es solo una línea ascendente, tiene subidas y bajadas que son tomadas como naturales en un vínculo cotidiano. Sin embargo, la pareja sabe reconocer cuando la distancia sexual se ha acrecentado y hablan del asunto, buscando las razones y las posibles soluciones. El sexo es una radiografía del vínculo de la pareja. Mientras más cercanía e intimidad haya fuera de la cama, más cercanía e intimidad habrá dentro de ella. El sexo es ritual, creación, erotismo. Las parejas que se aman suficientemente lo saben y lo cuidan. El sexo se platica, se negocia, se ensaya, se practica, se va perfeccionando a través de la comunicación de los deseos. El buen sexo es un territorio donde nos sentimos seguros, deseables y aceptados.

SECRETO 3

SOLIDARIDAD

Las parejas que disfrutan su relación se apoyan mutuamente. Son la primera persona en quien pensamos para auxiliarnos si tenemos un problema, si nos sentimos tristes o enojados por algo. La solidaridad es ser capaces de sentir con el otro, de apoyarlo para hacerlo más fuerte, de entender que hay momentos en que las necesidades personales pasan a un segundo plano y lo que procede es apoyar al que esté más debilitado en ese momento. Las muertes, los despidos, los problemas económicos, legales, emocionales, de salud, de la familia de origen, son parte de la vida. Quien solo pretenda estar mientras la relación sea ligera y sin problemas, no podrá consolidar una relación sólida. El amor significa estar en los momentos difíciles y no salir huyendo cuando las cosas no salen como quisiéramos. Es conmovedor ver a mujeres y hombres acompañando a sus parejas en tratamientos médicos, ayudándolos para que perseveren en su decisión de dejar de fumar o de beber, cuidando de una suegra enferma, en alguna etapa complicada, sosteniendo los gastos de la casa si el otro ha tenido un descalabro financiero. La única regla de la solidaridad es que sea recíproca. *Hoy por ti, mañana por mí*, en una construcción equilibrada de solidaridad para que ambos se sientan apoyados.

La solidaridad incluye lavar la ropa sucia en casa, no en público. Las parejas amorosas se cuidan públicamente, no se atacan frente a otros, aunque estén enojados o haya algún rencor no resuelto. Cuando se rompen los límites sociales o familiares e invadimos a los otros con nuestra miseria la solidaridad se fractura.

SECRETO 4

CONFIANZA

La confianza es el resultado de todo lo anterior. Es una sensación de estar en el lugar correcto con la persona correcta. Ese lugar donde somos amados y apreciados. La confianza incluye estar seguros de que la otra persona está con nosotros y nos es leal. Saber que está de nuestro lado, que estamos en el mismo equipo, luchando juntos. La confianza incluye poder revelar aspectos muy íntimos, sabiendo que el otro sabrá cuidar lo que hemos revelado. La confianza es saber que nuestra pareja es inocente de cualquier deslealtad hasta que se demuestre lo contrario, y no al revés. A veces llevamos a nuestra relación de pareja todas las fracturas de confianza que hemos tenido a lo largo de la vida y nos defendemos desconfiando y considerándola culpable hasta que demuestre lo contrario.

SECRETO 5

EQUILIBRIO ENTRE DISTANCIA Y CERCANÍA

Ni tanto que queme al santo, ni tanto que no lo alumbre. Las parejas suficientemente amorosas pueden estar cerca sin sentirse asfixiadas ni invadidas por el otro, pero también tienen la capacidad de cuidar y cultivar sus espacios individuales, sin sentirse amenazados. Se tolera la distancia que surge del exceso de trabajo, de los problemas personales o familiares, de los trastornos emocionales, cuando está garantizada una dosis suficiente y pactada entre ambos de cercanía, caricias, palabras amorosas, convivencia, conversación y momentos dedicados exclusivamente al cultivo del amor. Cerca y lejos, en la dosis que la pareja considere amorosa. Siempre como producto de un acuerdo y no de la imposición de las necesidades de soledad o de compañía de solo uno de los dos.

SECRETO 6

CUIDADO DE LA AUTOESTIMA

En una buena relación amorosa, uno de los efectos más visibles es que nos sentimos mejor con nosotros mismos como seres humanos y que la relación nos da un impulso extra muy importante para desear ser mejores.

En este punto, también estoy hablando de sentirnos en igualdad de circunstancias con la pareja, sin necesidad de competir por ver quién es más exitoso, o guapo o popular. A veces, por asuntos no resueltos, habitualmente con los hermanos en la familia de origen, tenemos celos profesionales de nuestra pareja. Esas luchas de poder atacan la autoestima de ambos.

Cuidar la autoestima es un trabajo personal, que significa comer bien, tener un estilo de vida saludable, dedicarse tiempo a uno, cuidar los vínculos importantes. Pero también quiere decir que nos importa el bienestar de la pareja, y que con nuestro trato amoroso y respetuoso también cuidamos que se sienta bien consigo mismo/ma.

SECRETO 7

ESTAR DISPUESTO A SEPARARSE

Las parejas que pierden el *temor al olvido* domestican al amor, despojándolo de la necesaria lucha que implica conservar una relación amorosa en buenas condiciones, a pesar del desgaste natural del tiempo y la convivencia. Si temo que me olviden, me haré presente con prudencia en la vida del otro, seguiré pendiente y curioso de esa persona de la que me enamoré. Intentaré no mal acostumbrarme (aburrirme, enfadarme) al regalo excepcional que significa que alguien me ame. Que nos amen es el privilegio de ser aquilatado y cuidado.

Estar dispuesto a separarse no quiere decir tener las maletas listas en la puerta cuando algo sale mal. Quiere decir que nada está escrito. Que el amor es de quien lo trabaja y que cada día podemos escribir una historia de amor o una de monotonía y distanciamiento. Quien decreta un *para siempre*, por razones religiosas o morales, es probable que deje de cuidar la relación porque en el fondo piensa que, pase lo que pase, seguirán juntos. En nombre del amor se cometen muchas atrocidades, incluidas la violencia, la destrucción o las adicciones que destrozan al adicto y a quienes lo aman.

Me quedo contigo mientras estemos bien, mientras nos respetemos, mientras nos ayudemos. Me voy de tu lado si me violentas y si el amor hecho acción deja de ser nuestro rumbo.

SECRETO 8

SENTIDO DEL HUMOR

Cuando dejamos de reír, solos y en compañía, puede ser señal de que hemos perdido la alegría de vivir.

El sentido del humor salva a las parejas amorosas de la solemnidad, de tomarse todo demasiado en serio, de ser demasiado dramáticos para enfrentar las dificultades y los problemas propios de la vida.

La risa, los chistes, el baile, cantar, jugar, todo es reflejo de tener sentido del humor, y es necesario para balancear las responsabilidades. Las parejas que pueden reírse de sí mismas cuando han pasado las tormentas tienen más posibilidades de seguir juntas y contentas.

SECRETO 9

RITUALES DE PERDÓN Y DE RECONEXIÓN AMOROSA

Inevitablemente y aunque nos amemos, seremos decepcionantes para nuestra pareja. Muy probablemente llegará el momento en que seamos egoístas, hostiles o irrespetuosos y debamos pedir perdón.

Saber disculparse de corazón es una de las habilidades más importantes para construir amor. Cuando nos habituamos a ser lastimados, a acumular cuentas pendientes o rencores, estamos minando el campo donde el amor no puede florecer. Quizás estemos armándonos para la guerra sin darnos cuenta cuando no reconocemos nuestras fallas y nuestros defectos con humildad. Decir *perdóname* con la intención de no volver a lastimar puede curar muchas heridas.

Y los rituales de conexión amorosa son esos espacios específicos de amor, humor, sexo, conversación, silencio compartido, museo, mesa, cama, libros, cines, parques, paseos, viajes, lugares de nosotros que no debemos perder.

La pareja amorosa construye un mundo que le pertenece y donde habitan solamente ellos dos, con todo lo bueno y lo malo que son, con toda la generosidad y el egoísmo humano, con todas las contradicciones y las certezas existentes.

Ese mundo, esa geografía particular, es la que deben trabajar para siempre, para mantenerla viva y poblada por esos dos que han decidido amarse.